Ces enfants qui n'ont envie de rien

La publication de cet ouvrage a été encouragée
par une subvention accordée par
la Communauté Wallonie-Bruxelles.

Illustration de couverture : Dany Gilson

Illustrations intérieures : Alim Montrose, Burkina Faso

avenue Constant Montald 25
1200 Bruxelles.

Dépôt légal : avril 2003 - 4727/144
ISBN: 2-87269-138-3
Imprimé en Belgique.

Pie Tshibanda Wamuela Bujitu

CES ENFANTS QUI N'ONT ENVIE DE RIEN

Chronique d'un animateur en École de Devoirs

Bernard Gilson Éditeur

PRÉFACE

Les petits élèves de l'École de Devoirs itinérante «Le Court Pouce», qui sillonne le Brabant wallon, savent-ils qui est leur professeur ? Quand Pie Tshibanda débarque avec sa camionnette, de Beaurieux à Court-Saint-Étienne, il est d'abord «le prof», «l'instit», celui qui vient donner des leçons. Mais Pie est le premier à avoir fait apprentissage dans l'école la plus vaste et la plus frappante qui soit : le monde. Sur la carte, le périple qu'il effectue chaque jour pour le boulot semble bien petit à côté de celui qu'il a dû réaliser pour sa survie.

Tout a commencé en 1951, à Kolwezi, quand Pie Tshibanda naquit, sans le savoir, au mauvais endroit. Ses ancêtres kasaïens ont implanté la famille au Katanga, au sud du Congo, là où les mines promettaient du travail. Pie grandira sans se soucier de ne pas être Katangais, jouira de l'enseignement dispensé aux enfants de mineurs, puis ira à l'université où il obtiendra une licence en psychologie. Nous sommes en 1977. Pendant près de vingt ans, Pie Tshibanda développera au Congo le fruit de ses études, enseignera lui-même et obtiendra une reconnaissance rayonnante : il travaille comme psychologue à l'entreprise minière de la Gécamines et devient un auteur qui compte, publiant une dizaine d'études, de romans, de recueils de contes. Il se marie. Six enfants naissent…

En 1995, tout bascule. Les Kasaïens sont refoulés du Katanga, on fouine dans les généalogies, on exige le départ des indésirables. Ils sont jetés sur la route, compressés dans les gares où les trains ne viennent pas.

Pour la première fois, Pie Tshibanda pense à l'exil, encouragé par des proches qui craignent pour sa vie. Ses prises de positions, un reportage filmé et ses écrits à l'encontre de l'épuration ethnique en font une cible évidente.

La Belgique francophone, que Pie connaît par son travail littéraire sur André Baillon ou Madeleine Bourdouxhe, apparaît comme le seul horizon. Ce havre n'est pas gagné d'avance : à Bruxelles, tracasseries administratives, sentiment de solitude, poids de la suspicion et perte de repères constitueront un parcours de combattant, comme pour presque tous les candidats réfugiés.

Seul dans la foule, anonyme qui découvre qu'en Belgique il est d'abord «un Noir», Pie Tshibanda connaît les brûlures de l'exil. Mais plutôt que de se laisser consumer, il décide de prendre le taureau par les cornes et d'inverser la vapeur. C'est lui, dorénavant, soleil inattendu, qui va nous réchauffer !

L'homme est auteur, que diable ! et il écrira sa vie d'une plume qui va aujourd'hui droit au cœur. On attend de lui qu'il rejoigne les quartiers africains de Bruxelles ou de Liège ? Il s'installera dans un petit village du Brabant wallon. On l'y regarde d'une drôle de façon ? Il se présentera à la population, à la messe et de maison en maison. On met en doute sa formation ? Il se spécialisera en Sciences de la famille et sexualité à l'université de Louvain-la-Neuve. On peine à croire pareille histoire ? Il en fera un livre digne de ce nom, titré *Un fou noir au pays des Blancs*, qui va de la colonisation africaine à l'espoir de Pie, en Belgique, d'y voir arriver sa femme et ses enfants. La petite histoire rejoint la grande, tel un conte universel où l'humour fricote avec l'émotion. C'est aussi l'histoire d'une intégration réussie, où celui qui arrive ne bafoue pas ceux d'où il vient, tout en réinventant le mode d'emploi de la vie quotidienne. C'est l'histoire d'une promesse pour les années qui viennent.

La vie est souvent étonnante. Quand Pie Tshibanda est arrivé à l'aéroport de Zaventem, en 1995, notre pays n'avait qu'une question : «Quand repartez-vous ?» Aujourd'hui, on se l'arrache : Pie a déjà joué des centaines de fois le one-man-show tiré de son livre, il part en mission culturelle sur le continent africain avec le Théâtre de Poche, Louis Tobback lui cède la parole lors de la conférence européenne sur l'immigration, le gouverneur du Brabant wallon le choisit comme citoyen d'honneur… et la commune de Court-Saint-Étienne lui confie la première École de Devoirs itinérante.

Pie Tshibanda tiendrait là de quoi écrire un nouveau livre. Et il l'a fait : vous l'avez en main. Comme dans *Un fou noir au pays des Blancs*, Pie s'y déguise à peine : il échange la première personne du singulier contre la troisième et son prénom contre Masikini. Dans cette sorte de «Fou noir au pays des élèves», on est pourtant loin de «La guerre des Gaules» où César parlait de lui-même à travers un «il» assez prétentieux. Ici, Pie Tshibanda n'a pas la volonté de raconter ses propres exploits. Grâce à Makisini, il prend surtout une distance avec sa propre expérience pour mieux l'analyser, la comprendre et la commenter.

Toute la force de Pie Tshibanda tient précisément dans cette juste distance, parce que les actes qu'il pose sont toujours nourris par l'étonnement suscité par l'exil. Pie Tshibanda n'est pas né en Belgique. Et il n'habite plus le Katanga, terre de ses ancêtres et de son enfance. Entre les deux, dans une forme de no man's land qui caractérise le déraciné, l'auteur observe les différences, relève les frictions et cherche la sagesse qui nous réunirait tous. Ce que l'on voit souvent comme un espace de choc de cultures devient avec lui un terrain de détente, sourire aux lèvres et désir d'action au ventre. À la fois détachée et active, sa parole gagne le poids de l'évidence.

Un drôle de moralisateur ? Pourquoi pas ? Mais Pie Tshibanda ne ferait alors qu'assumer l'enseignement de valeurs fondamentales que notre société occidentale n'ose plus vraiment nommer au jour le jour. Et il a retenu ses leçons d'enfance : le conte est une mine d'or, auréolée d'un sentiment ludique qui laisse l'auditeur libre de comprendre ou non le sens de la fable. De ce point de vue, Pie ne fait pas dans la dentelle : il s'exprime parfois avec dureté, face à une société belge qui a érigé le consensus en loi. L'auteur surprend toujours et, au détour d'une pensée, sait aussi arracher des larmes, parce que son empathie raisonnée agit sur nous comme un miroir sans fard. En s'y mirant, les petits élèves du Court Pouce râlent sans doute, comme tous les élèves. Mais, même sans connaître les détails de sa biographie, ils savent que Pie Tshibanda leur apprend l'essentiel : devenir des hommes et des femmes prêts à répondre au monde et, qui sait, un jour le transformer.

LAURENT ANCION
Journaliste au quotidien "Le Soir"

I

Le minibus de l'École des Devoirs

Une nuit de mars, le village de Tangissart dormait tranquillement, bercé par le vent frais qui soufflait dans les arbres. Au numéro 31 de la rue de Villers, Masikini, un Noir d'Afrique, tombé là comme une mèche de cheveux dans la soupe, ronflait dans son lit après une journée de dur labeur. Il était quatre heures du matin, l'heure à laquelle les insomniaques ont fini par s'assoupir et où, dehors, on n'entend plus rien d'autre que le silence de la nuit.

— Réveille-toi ! cria la femme de Masikini en même temps qu'elle le secouait ; tu entends ? On vole ton véhicule !

Masikini sursauta, il avait l'air de ne pas bien comprendre ce que lui voulait son épouse. Il tira le rideau et vit s'en aller son minibus dans un vrombissement qui finit par le réveiller complètement.

— C'est pas vrai ! s'exclama-t-il, je viens de le faire réparer. Cent mille balles qu'il nous a coûté !

Sans se préoccuper de la tenue dans laquelle il était, il prit son trousseau de clef, dévala deux à deux les marches de l'escalier, bien décidé à rattraper les malfrats.

— Ne les suis pas ! cria sa femme, de la fenêtre du premier étage, «en Europe ils ont la gâchette facile ; ils vont te tuer pour un vieux minibus. Reviens ! Appelle la police.»

Masikini rentra dans la maison, mit sa main sur le combiné du téléphone, confondit les numéros avant de tomber sur le bon. Au bout du fil, l'agent lui conseilla de garder son calme et d'attendre. Vingt minutes après, la police était là. Ils prirent sa déposition et lui promirent des nouvelles de l'enquête. L'Africain rentra dans son lit mais ne put se rendormir. Il se rappela le jour où il avait débarqué en Belgique en provenance du Congo, le jour où il avait pris la décision de s'installer dans un village plutôt que de s'isoler dans un ghetto en ville. Une question l'avait tout de suite taraudé : «Qu'allait-il faire dans un pays où les usines ferment ?»

Reconnu comme réfugié par les autorités belges, il avait eu toute la peine du monde pour faire venir sa famille en Belgique. Le défi était grand : comment se faire une toute petite place en Belgique ? Que répondre aux enfants qui lui demanderaient où il travaillait ? Afin de mettre toutes les chances de son côté, il avait repris le chemin de l'université, décidé qu'il était à rabattre leur caquet à ceux, nombreux, qui avaient tendance à remettre en question sa formation du Congo.

En même temps qu'il suivait les cours à Louvain, il s'intéressa à toutes les activités bénévoles organisées dans son village d'adoption. Il s'inscrivit à la chorale, se proposa comme volontaire pour donner des cours aux enfants en difficultés scolaires tout en restant disponible pour l'une ou l'autre personne qui aurait besoin d'une oreille attentive. Les résultats de son engagement ne se firent pas attendre, ses hôtes lui exprimèrent leur satisfaction de le compter parmi les habitants du village.

Un jour, la Commission consultative de la famille de Court-Saint-Étienne décida de créer une association qui organiserait une *École des Devoirs* en faveur des enfants issus du milieu « populaire ». Un minibus fut acheté par la commune, des mains expertes l'aménagèrent en salle de classe. Grâce aux sponsors, le bus fut équipé. Les membres du conseil d'administration frappèrent à toutes les portes pour réunir les fonds qui permettraient de payer l'animateur de l'école. Il irait dans les différentes écoles de l'entité et accueillerait les enfants à bord du bus, le temps de faire les devoirs et de s'adonner à une activité ludique. L'École des Devoirs «Le Court Pouce» était née et Masikini, l'Africain, en avait été nommé le coordinateur.

Les Stéphanois s'habituèrent donc à voir passer dans les rues un minibus sur lequel il était écrit : «École des Devoirs Le Court Pouce», «Court» de Court-Saint-Étienne et «Pouce» de «coup de pouce». Le but n'était pas de se substituer à l'école mais de donner un coup de pouce aux enfants qui en ont besoin. Le bus parcourait les différentes entités de Court-Saint-Étienne selon un horaire hebdomadaire établi au préalable : lundi il était à Tangissart, mardi à Court-Saint-Étienne, mercredi à Beaurieux, jeudi à Sart-Messire-Guillaume, vendredi à Wisterzée. Les enfants montaient dans le véhicule, montraient à Masikini les devoirs à faire et se mettaient au travail. Masikini allait au-delà de ce qui était exigé par l'école : psychologue, il se donnait la peine de chercher à savoir pourquoi un tel avait besoin qu'on lui explique deux fois ce que ses condisciples avaient compris en une fois. Il posait donc un diagnostic et essayait de remédier à la base. À ceux dont l'attention papillonne il proposait des jeux de concentration, aux timides il suggérait un chant ou un rôle dans un sketch, à ceux qui ne comprenaient pas les consignes il apprenait la lecture silencieuse. Le programme de l'école des devoirs réservait la part belle aux activités récréatives et ludiques.

Pendant les vacances, le Court Pouce organisait une plaine de vacances et des excursions pour ceux qui ne pouvaient pas voyager. Ils auraient donc des choses à raconter, eux aussi. Masikini passait ainsi ses avant-midi à préparer les activités et les après-midi, à partir de 15 heures 30, à encadrer les enfants. Le mercredi, les enfants restaient de 14 heures à 18 heures. Pendant les vacances, l'école des devoirs accueillait les mômes de 9 heures à 17 heures 30 !

Avec le temps, la réputation de cette école mobile finit par dépasser les frontières de la commune. Des journalistes vinrent réaliser un reportage sur les activités qui y étaient organisées. Mais comme il fallait s'y attendre, le Court Pouce eut aussi ses détracteurs, ceux qui ne trouvaient pas justifié le paiement à temps plein d'un employé pour un travail qu'ils estimaient limité à l'aide à apporter aux enfants dans le cadre de devoirs à domicile. Certains évoquèrent même le fait que le ministre en charge de l'enseignement fondamental n'était pas d'accord que des enfants de l'école primaire aient des devoirs à faire à la maison.

— Vous faites dire au ministre ce qu'il n'a pas dit, expliquait Masikini ; le ministre n'est pas contre les devoirs à domicile. Je pense qu'il s'oppose cependant à cette fâcheuse tendance qu'auraient certains enseignants à oublier que l'enfant a besoin de se reposer et de faire autre chose que l'école. Il y en a, en effet, qui donnent des exercices tellement difficiles qu'on dirait qu'ils veulent se faire aider dans leur travail par les parents et les écoles des devoirs. Que l'enfant ait à résoudre à la maison deux ou trois problèmes, qu'il ait à effectuer quelques exercices de calcul ou de grammaire, c'est tout bénéfice pour lui : il assimile la matière et il acquiert le sens du devoir. Mais que l'enseignant ne se préoccupe pas des difficultés et du temps que mettra l'enfant pour faire son devoir, il y aurait là matière à réflexion. Un enfant qui a passé huit heures à l'école devrait avoir le temps de se détendre, de jouer, d'être enfant.

Masikini était un spécialiste de l'enseignement, il comprenait donc ce que voulait l'autorité : donner aux enfants la même chance d'être pris en charge à l'école. Il savait bien qu'ils sont légion, ces gosses des milieux peu favorisés qui, eux, n'ont personne pour les aider à la maison. La pauvreté s'installe chez eux et finit par se transmettre. Guy Gilbert, un prêtre au service des loubards en France, écrit à ce sujet : «La plus grande misère que je rencontre n'est finalement pas la faim, la prison, les enfances d'enfer, mais le boulet que traînent toute leur vie les déshérités de ce temps…» La Communauté française veut donc que l'on donne la même chance à tous : pour les études primaires, la compréhension et l'assimilation des matières scolaires se font à l'école.

Le Court Pouce n'était donc pas une École de Devoirs comme les autres : les parents avaient déjà eu cette idée géniale d'une école mobile ; l'animateur était en plus ce conteur noir qu'on allait voir dans les théâtres et dont la presse belge vantait les prouesses. L'histoire de cet animateur est contée dans le livre *Un fou noir au pays des Blancs*. Son aventure dans le roman se termine par cette scène où le Noir va voir à Zaventem si sa femme et ses enfants descendent de l'avion.

Le lecteur était resté sur sa faim, il en voulait à l'auteur de ne pas lui donner la suite. La fin de l'histoire ? Masikini aurait dû avouer que sa femme et ses enfants étaient dans l'avion. Il ne l'avait pas fait pour ne pas froisser ceux, nombreux, qui attendent encore. «Il n'y a pas de joie à être heureux tout seul», disait-il à ceux qui avaient tendance à oublier la souffrance des autres. Chanter ses succès, c'est quelque part violenter. Oui, il existe une forme de violence qu'on appelle «la violence du succès».

Madame et les enfants furent contents de retrouver un mari et un père qui avait réussi à se faire une toute petite place dans le village. Le bus qui stationnait devant la maison était un symbole d'intégration de Masikini en Belgique ; il rappelait aux passants que l'Africain ajoutait sa petite pierre à la construction de l'édifice.

Cette nuit-là de mars, Masikini se souvint de Jean de la Fontaine qui, à travers *Le meunier, son fils et l'âne*, enseigne : il est impossible de satisfaire tout le monde à la fois. Avec le vol de son minibus, on lui avait coupé l'herbe sous les pieds, on l'empêchait de travailler. Son esprit allait dans tous les sens, il se souvint de cet ivrogne qui, un jour, lui avait dit : «Retournez dans votre pays, c'est à cause de gens comme vous que nous sommes dans la m… en Belgique.» Masikini ne lui avait pas répondu, préoccupé qu'il était de recevoir le ministre de l'enseignement qui venait visiter le Court Pouce. Il espérait de cette visite que le ministre fasse la lumière sur ce qu'il pensait vraiment des Écoles de Devoirs.

L'ivrogne tira sa révérence lorsque, une demiheure plus tard, il vit qui « le Noir » attendait de recevoir. Le ministre était là avec son équipe, pour tâter le pouls, attentif à être présent sur le terrain. Il y avait des problèmes au Court Pouce et les membres du conseil d'administration étaient là pour lui en parler.

Après les formalités d'accueil, Masikini prit la parole pour présenter son école :

— Le Court Pouce, c'est plus qu'une École de Devoirs. Nous accueillons ici des enfants qui tourneraient mal s'ils ne bénéficiaient pas d'un encadrement spécifique. Regardez-les, ils viennent de milieux socio-économiques différents, ils se retrouvent ici pour jouer ensemble, pour se défouler et pour travailler…

Les enfants, vedettes du jour, étaient contents de voir toutes ces caméras de télévision qui immortalisaient un moment de leur enfance. Ils couraient çà et là avec l'énergie caractéristique de leur âge. Jean-Paul s'imposait par sa stature, c'était un fils cadet, un de ceux qui n'étaient jamais contents de rentrer à la maison. Albert, son ami, était l'un de ces enfants rois qui n'ont à la bouche que des réponses du genre : «Non, je n'ai pas envie» ! Modeste et ses frères venaient d'un milieu peu favorisé, ils se distinguaient par la manie qu'ils avaient de dérober les objets de leurs camarades. Jean-Baptiste était orphelin de mère, recueilli dans une famille d'accueil par une mère d'adoption qu'il trouvait belle, il avait besoin de beaucoup d'attention. Christelle n'était pas une fille comme les autres : boudeuse, elle n'aimait pas travailler à la maison. Apprivoisée par Masikini, elle avait fini par signer un contrat de travail qu'ils avaient confectionné à deux. Comment Masikini arrivait-il à maîtriser des enfants aux profils aussi variés ? Il avait des recettes qui valent la peine d'être partagées.

Trois jours s'étaient écoulés depuis le vol du véhicule du Court Pouce. Un matin, Masikini eut la surprise heureuse de voir dans le quotidien « Le Soir » un article à propos du malheur qui avait frappé l'École de devoirs. La télévision locale avait déjà parlé du vol ; Masikini espérait donc que quelqu'un finirait par signaler qu'il avait vu quelque part le minibus. En attendant, il continuait ses activités avec les moyens qui lui restaient.

Un mercredi comme les autres, Masikini avait prévu comme activité principale de travailler un conte d'Afrique. Il avait remarqué que les enfants profitaient de la moindre occasion pour s'éclipser dans le bois ; d'autres se pourchassaient jusque dans les jardins avoisinant la salle des jeux, indifférents à la colère des villageois qui aspiraient à la paix et n'étaient pas du tout contents d'entendre le criaillement des enfants.

Pendant le premier quart d'heure, l'animateur permit aux enfants de s'adonner à des activités libres. Cela leur permettait de se défouler et d'être prêts pour un exercice qui exigeait un peu plus de concentration. Les enfants vinrent ensuite s'asseoir autour de Masikini qui leur raconta cette histoire dans laquelle le lièvre, le lion et l'antilope sont des protagonistes :

Une mère antilope avait deux enfants. Les petits grandirent et parvinrent à l'âge où ils pouvaient se promener en brousse sans être accompagnés de leur maman. Un jour la mère leur dit : «Faites attention, mes enfants, la nature est à la fois généreuse et méchante. Nous avons partout de l'herbe tendre pour apaiser la faim et une eau limpide, là dans le fond du marigot, pour étancher notre soif. N'oubliez pas cependant que le lion gourmand nous guette dans la prairie ou à la source et qu'à chaque instant le chasseur peut décocher sur nous une flèche mortelle. Contentez-vous donc de ce que nous offre cette clairière au fond de la forêt et dites-vous bien que vous ne pourrez pas faire de vieux os si vous ne pouvez pas vous imposer des contraintes.

Les enfants écoutaient leur mère avec un air de dépit : ils se demandaient pourquoi la nature est injuste, qui fait la joie des plus forts au détriment des faibles. Ils cherchaient à comprendre cette loi de la jungle qui fait des plus faibles la nourriture des plus forts.

Un bon jour, au début de la saison pluvieuse, le plus petit des enfants prit la décision de prendre un peu d'air : il profita d'un moment d'inattention et s'éclipsa. Il courut çà et là dans la prairie, se vautrant dans la brousse et s'empiffrant de l'herbe tendre. Il gambada sur un talus, pointa son regard dans toutes les directions sans apercevoir ni le lion ni le chasseur. «Maman a toujours exagéré, se dit-il, toute la brousse est aussi sûre que notre clairière. Je viendrai chaque jour me régaler et m'amuser.»

Pendant qu'il jouait, le soleil au firmament poursuivait sa course inlassable. La petite antilope ne se préoccupait nullement de la fuite du temps, tellement son bonheur était à son comble. Soudain, une brise légère se mit à souffler comme pour annoncer la pluie ; le promeneur solitaire résolut de regagner le bercail. Il n'avait même pas encore parcouru cinq mètres qu'un bruissement le fit sursauter et il vit devant lui le lion grognant, qui levait déjà sa patte griffue. Il ne lui vint même pas à l'esprit l'idée de tenter de s'enfuir. Il eut à peine le temps de penser à sa mère et à ses sages conseils. La patte du roi des animaux s'abattit sur son crâne fragile et le petit tomba dans les pommes. Le lion le mit dans un sac en se disant : je vais me régaler à la maison.

— Que traînes-tu là ? demanda un lièvre qui avait vu la scène de loin.

— Une petite antilope pour mon repas, répondit fièrement le fauve.

— Tu n'as pas honte, monsieur le lion ? Et avec ça, tu te dis roi des animaux ! Je pensais qu'un chef protège ses sujets et toi tu n'hésites pas à taper sur les faibles !

— Arrête de me faire la morale, Lièvre, je ne suis pas un herbivore, je dois vivre moi aussi, non ?

— À ta place je m'attaquerais aux grands animaux, ceux qui peuvent au moins se défendre... Chez les hommes on dit : «À vaincre sans péril, on triomphe sans gloire».

— Ça suffit, Lièvre, je n'ai pas envie de discuter avec toi. Je te demande par contre de me donner un coup de main. Viens, tu vas garder mon sac pendant que je vais chercher mes frères. Je n'ai pas l'habitude de manger seul.

Le lièvre ne se fit pas prier, il vint garder le sac pendant que le lion allait chercher ses frères. Une fois seul, l'idée vint au lièvre de ne pas laisser les lions manger l'enfant. Il essaya de le réanimer mais en vain. Il se dit : je vais prononcer une formule magique, l'enfant et moi nous allons disparaître. Il se concentra avant de lancer d'une voix forte : «Eyi tatu mbafu» !

Eh bien, au lieu de disparaître avec celui qu'il voulait protéger, il arracha les oreilles de l'enfant ! Pendant qu'il se demandait comment il allait faire, il entendit les pas des lions qui venaient. Il cacha les oreilles dans ses poches et referma le sac.

— Apporte-nous le repas, cria le lion.

— J'arrive, répondit le lièvre.

Le lion remarqua tout de suite que l'enfant de l'antilope n'avait plus d'oreilles.

— Qu'as-tu fait, malheureux, l'enfant n'a plus d'oreilles ?

— Il n'en avait pas, fit le lièvre, vous l'aviez bien observé ?

— Ne fais pas le malin, gronda le lion, il pourrait t'en cuire ; dis-moi ce que tu as fait des oreilles de mon antilope.

Les autres lions se mirent en colère eux aussi.

— C'est un voleur ! cria le plus vieux, nous allons le traiter comme il le mérite. Il a mangé les oreilles de l'enfant… mangeons-le donc, nous récupérerons ainsi ce qu'il nous a volé.

Une grande discussion s'ensuivit, le lièvre affirmant mordicus que l'antilope n'avait pas d'oreilles.

— Ma patience est à bout, dit le lion en colère, arrête de te moquer de nous.

— Je ne veux pas vous importuner, j'affirme seulement que le petit n'avait pas d'oreilles.

Un éléphant qui faisait la sieste non loin de là vint se mêler à la discussion : « Que se passe-t-il dans cette forêt ? On ne peut plus se reposer tranquillement ici ?» Les protagonistes racontèrent leur différend. L'éléphant réagit avec sagesse : « Vous n'arrivez pas à vous mettre d'accord, cherchez un témoin, la mère de l'enfant, par exemple, elle vous dira si oui ou non son enfant avait des oreilles ».

Le lion accepta la proposition mais prévint le lièvre :

— Mes frères et moi avons faim, nous aurions voulu passer déjà à table mais à cause de toi, il faut qu'on aille chercher la mère de l'enfant... si elle confirme que l'enfant avait des oreilles comme je le dis, nous te mangerons avant de manger l'enfant.

Le lièvre saisit la balle au bond :

— D'accord, mais si la mère répond que l'enfant n'avait pas d'oreilles comme je l'ai dit, vous me libérez et vous libérez l'enfant aussi.

— D'accord ! dit le lion.

Ils s'en allèrent à la recherche de la mère antilope, accompagnés par l'éléphant qui allait servir d'arbitre.

— N'aie pas peur, dit l'éléphant à l'antilope qui tremblait comme une feuille morte devant la menace que représentaient les lions, nous venons solliciter ton témoignage. C'est toi la mère antilope ?

— Oui...

— Tu as perdu l'un de tes petits ?

— Vous voyez bien que je le pleure encore...

— Je n'ai pas de temps à perdre, coupa le lion impatient, dis-nous si oui ou non ton enfant avait des oreilles.

La mère antilope éclata en sanglots avant de répondre :

— Toutes les antilopes ont des oreilles mais mon enfant n'en avait pas, la preuve : il ne m'écoutait jamais et même quand je suis allée le chercher dans la forêt, j'ai appelé, il n'a pas entendu mon appel.

Le lièvre se tourna vers l'éléphant et renchérit :

— Je vous l'avais dit, cet enfant-là n'avait pas d'oreilles. Il ne pouvait même pas écouter les conseils de sa maman.

La palabre fut tranchée en faveur du lièvre ; les lions s'en allèrent penauds. Le lièvre se rappela de la bonne formule, il recolla les oreilles de l'enfant.

Les élèves écoutaient le conteur avec attention, on pouvait voir sur le visage de chacun qu'ils étaient soulagés que l'histoire se termine bien. À leur âge, ils ne pouvaient que s'identifier au plus faible.

— Pensez-vous que la petite antilope voudra encore perdre ses oreilles ? leur demanda Masikini.

— Non ! répondirent-ils en chœur.

— Que fera-t-elle, désormais, pour ne plus perdre ses oreilles ?

— Elle écoutera sa maman, répondit une fillette pendant que les autres gardaient le silence.

— Et vous, vous avez des oreilles ou vous n'en avez pas ?

— Nous en avons !

— Vous voulez que je vous les coupe ?

— Ah, non !

— Pour que je ne vous les coupe pas, qu'est-ce que vous me promettez ?

— D'écouter nos parents, tiens ! fit encore la même fillette pendant que les autres enfants se taisaient.

— Applaudissez alors pour la bonne résolution.

Masikini termina son conte par un sourire, il se rendait compte de la différence entre les enfants d'Europe et ceux d'Afrique. Les premiers n'osaient pas promettre d'obéir aux parents alors qu'en Afrique tous les enfants auraient crié : «Désormais nous allons écouter nos parents». Quand il avait demandé aux enfants : «Qu'est-ce que vous allez faire pour que je ne coupe pas vos oreilles ?», beaucoup avaient crié : «Nous allons les cacher, monsieur ». Quelque part, Masikini appréciait l'attitude de ces petits Blancs, il se disait qu'elle était le fruit d'une démocratie acquise de haute lutte. En Afrique, à force de dire oui à l'aîné et aux parents, les enfants deviennent corvéables et manipulables, ils permettent l'installation des dictatures. Masikini comprenait qu'il fallait éduquer les enfants à la liberté mais il n'était pas d'accord avec des parents qui laissent tout faire. Il avait à l'esprit le témoignage de ce prêtre français travaillant en milieu populaire : «Tous les jeunes rencontrés m'ont dit, un jour, chacun à sa façon : "J'ai besoin de règles, de limites. Je veux quelqu'un de solide sur qui m'appuyer"... Cessez donc de dire aux enfants : "Fais ce que tu veux".»

Le conte se termina par la dramatisation : les enfants devaient se répartir les rôles, se mettre dans la peau des personnages et rejouer toutes les scènes. Ils étaient enthousiastes, ils voulaient tous jouer.

— Moi, je suis le lion, dit Jean-Paul.

— Non, c'est moi le lion, dit Albert.

— C'est Jean-Paul le lion, trancha Masikini.

— Dans ce cas je ne joue pas, fit Albert, boudeur.

Masikini ignora le boudeur et disposa les enfants sur la scène supposée être la forêt. Les enfants se mirent dans la peau des personnages, ils jouèrent si bien que celui qui boudait se surprit en train d'applaudir ses copains.

— La prochaine fois, c'est moi qui jouerai le lion… Hein, monsieur… s'il te plaît…

— La prochaine fois, si tu cesses de t'imposer, c'est entendu ? Tu as maintenant une idée de la manière dont les choses se passeraient si chacun de nous devait faire comme il l'entend ?

L'enfant avait compris. Masikini lui donna l'occasion de jouer le rôle qui lui convenait, celui du lièvre intelligent et non celui du lion méchant. Voilà comment Masikini s'en sortait avec les enfants difficiles, ces enfants qui dans le fond ne sont pas méchants, ces gosses qui veulent tout simplement attirer l'attention parce qu'ils ont besoin d'amour.

Quand l'un de ces enfants refusait de participer à une activité acceptée par tous les autres, Masikini lui disait : nous allons le faire sans toi mais si tu veux te joindre à nous, n'hésite pas. Il le surveillait discrètement pendant qu'il s'occupait des autres. Isolé, le malin se sentait fragile et revenait de lui-même vers le groupe.

Il n'y avait pas de magie au Court Pouce, l'animateur essayait tout simplement de faire comprendre aux enfants qu'ils pouvaient s'amuser, mais à condition de respecter un code de conduite et surtout de se dire que dans la vie, il nous arrive de faire des choses dont nous n'avons pas envie, par devoir tout naturellement. Il était d'accord de discuter avec les enfants de leurs droits mais il n'oubliait pas de leur parler aussi de leurs devoirs.

On s'amusait tellement bien à l'École de Devoirs que personne ne se rendait compte de la fuite du temps ! Il était déjà seize heures !

— À table ! cria Yasmina, c'est l'heure du goûter.

— Finis, les jeux ! renchérit Claude, nous allons manger.

Yasmina et Claude étaient deux étudiants de l'institut Cardijn. Ils avaient choisi de faire leur stage de fin de cycle au Court Pouce. Masikini pouvait compter sur leur présence pour garantir aux parents un accueil de qualité pour leurs enfants. Ils pouvaient jouer au football avec les élèves pendant que l'animateur prenait en charge un enfant qui avait besoin d'un encadrement spécifique.

Le jour où Yasmina vint au Court Pouce pour la première fois, avec son voile de musulmane sur la tête, Masikini eut peur de la réaction des élèves. Mais les enfants firent preuve de beaucoup de tolérance et accueillirent l'étudiante avec joie. De temps en temps, Masikini posait des questions à Yasmina à propos de sa religion. Il respecta ses convictions religieuses, même le jour où Yasmina refusa de nager avec eux, arguant que personne, en dehors de son mari, n'avait le droit de voir son corps.

— Tu seras en maillot ! lui dit Jean-Paul.

— Je ne peux pas, fit-elle avec le regard de quelqu'un qui veux qu'on parle d'autre chose.

À table, les enfants s'empiffraient de gâteaux et de crêpes, ils en redemandaient.

— Ne soyez pas trop gourmands, leur dit Yasmina, un repas chaud vous attend à la maison.

Comme si elle criait dans le désert, les enfants continuaient à réclamer :

— Encore un morceau de gâteau, s'il te plaît !

Le goûter était un moment attendu, surtout par ceux dont les parents n'étaient pas nantis. Masikini en profitait pour inculquer aux enfants le sens du partage, pour leur apprendre la politesse à table. Ainsi donc, ceux qui avaient plus apprenaient à partager avec ceux qui n'avaient pas grand-chose.

L'accueil au sein de l'École de Devoirs trouvait là tout son sens : on ne vient pas seulement faire des devoirs mais passer un bon moment avec des copains, ainsi on apprend beaucoup au contact des autres.

Le goûter fini, les animateurs proposèrent aux enfants un jeu de société. C'était aussi le moment pour ceux qui avaient un devoir de le faire. La journée était ainsi bien meublée et les enfants n'étaient jamais contents d'entendre Masikini crier : «Il est temps de tout ranger, dans quelques minutes il sera dix-sept heures, vos parents viennent vous chercher bientôt».

— Déjà ! s'exclamaient les mômes comme si la journée venait à peine de commencer.

Un à un, les parents venaient chercher les enfants, ces derniers se mettaient à expliquer, qui à son papa qui à sa maman, les activités auxquelles ils s'étaient adonnés pendant la journée. C'était aussi l'occasion pour les animateurs de faire un bilan individuel s'il le fallait.

Le Court Pouce était loin d'être cet endroit où les enfants ne viendraient que pour faire un devoir. À la fin de la journée, Masikini était essoufflé, il n'aspirait qu'à une chose : s'asseoir et souffler un peu. Mais avait-il vraiment le temps de se repo-

Il vit partir son bus…

ser, lui qui ne tarissait pas d'idées en faveur des enfants et qui rêvait déjà au programme extraordinaire prévu pour le jour suivant ?

II

Une excursion au musée des sciences naturelles

Le petit Jean-Paul avait l'air plus sage que de coutume. Ce soir-là il avait débarrassé la table, rangé ses affaires dans les placards et s'apprêtait à aller dormir alors que les Simpson passaient à la télé.

— Qu'est-ce qui lui prend ? demanda son père à sa maman, je ne l'ai jamais vu aussi consciencieux.

— Il se prépare. Demain, ils vont en excursion avec l'École de Devoirs.

— Alors, fiston, cria le père à l'attention de son fils, c'est quoi le programme de demain ?

— Nous allons à Bruxelles, papa. Nous visiterons le musée des sciences naturelles. Il paraît qu'il y a des dinosaures là-bas.

— Votre école aurait dû s'appeler École des Loisirs…

— Qu'est-ce que tu pensais ? Qu'on n'y allait que pour faire les devoirs ? On ne s'ennuie pas avec monsieur Masikini, papa. Il nous donne la parole, c'est nous qui avons choisi la destination.

Demain, nous voyagerons dans le train, j'aime bien monter et redescendre les escalators à la Gare du Midi.

— Ce que j'admire, dit la mère, c'est que toutes ces activités sont organisées à moindre coût.

— Ils sont fidèles à leurs objectifs : les initiateurs de l'asbl destinaient en priorité l'École de Devoirs aux enfants socialement défavorisés, ne l'oublie pas.

— Oui, mais Masikini en a fait à sa guise, il a inscrit tout le monde, il n'a pas voulu d'une École de Devoirs qui soit un ghetto.

— C'est bien, ainsi donc les nantis peuvent partager avec les autres. Dommage que ces voleurs de malheur n'aient rien trouvé de mieux à prendre que son minibus. L'idée d'une école mobile était vraiment géniale.

— Ah oui, surtout pour des enfants qui ont passé toute la journée sur un banc de l'école et qui n'aspirent qu'à un changement d'atmosphère.

— Moi j'ai perdu l'espoir qu'on le retrouve : trois jours qu'on est sans nouvelles !

— Le minibus est déjà hors de nos frontières, conclut le père de Jean-Paul, il y a beaucoup de ventes clandestines qui se passent entre notre pays et l'Europe de l'est.

Jean-Paul embrassa ses parents avant d'aller dormir, il tenait à se réveiller de bonne heure le lendemain matin. Ce soir-là, au journal télévisé, l'on parla d'une bande de malfaiteurs qu'on venait de démasquer en Belgique ; ils avaient comme spécialité de voler des véhicules qu'ils renvoyaient vers l'Europe de l'est en pièces détachées. Masikini perdit l'espoir de retrouver son minibus.

Le lendemain, tôt le matin, les parents vinrent déposer leurs enfants à la gare d'Ottignies. Certains parmi eux étaient apparemment très heureux de ne pas devoir s'occuper de leurs gosses

— À quelle heure vous revenez ? demanda une dame.

— Vers 17 heures, répondit Masikini.

— Waow ! s'exclama-t-elle !

Vingt enfants étaient au rendez-vous. Près de la moitié d'entre eux n'avaient pas payé. Masikini, formé à l'école de la débrouille au Congo, avait plus d'un tour dans son sac pour s'en tirer à moindre frais. Il savait que les enfants de moins de douze ans ne paient pas le train lorsqu'ils sont à trois en compagnie d'un adulte... Sur le quai, il aborda un voyageur :

— Monsieur, ça vous dérange de vous asseoir à côté de nous dans le train ?

— Pourquoi ?

— Au cas où il y aurait un contrôle... j'ai vingt enfants, il me faut trois accompagnateurs en plus...

— D'accord.

C'étaient des solutions à l'africaine mais qui lui permettaient de voyager avec des enfants dont les parents n'ont pas toujours les moyens. Les enfants dans le train chantaient et criaient. Les voyageurs les observaient avec un sourire au coin des lèvres. D'autres avaient l'air intrigués en entendant le Noir parler aux petits Blancs comme on ne leur parle plus aujourd'hui. Les choses se corsaient lorsque le groupe arrivait dans une gare. Les enfants remontaient par les escalators, ils redescendaient en criant pendant que les gens les regardaient, étonnés.

Une fois hors du train, Masikini les aligna et les obligea à marcher en rang jusqu'au musée.

— On se donne la main, deux par deux, pour ne pas se perdre ! cria-t-il.

— Moi, je reste avec Jean-Paul, répondit Albert.

— Tu as toujours à redire, toi ! Tu donnes la main à Marc et que ça saute !

— OK, OK... c'est bon ! De toute façon avec toi, c'est toujours ce que tu veux ! On te connaît !

— Ce n'est pas ce que je veux, mais ce qu'il faut pour que tout aille bien dans notre groupe.

Un dinosaure en bois trônait devant le musée. Les enfants se précipitèrent à l'entrée sans se préoccuper des billets d'accès. Ils se turent, admiratifs devant la faune représentée au musée des sciences naturelles. On aurait dit qu'ils étaient dans un vaisseau de science-fiction qui vous mène loin, dans l'espace comme dans le temps.

— Y a-t-il encore des mammouths en Afrique ? demanda Jean-Paul, admiratif devant cet ancêtre de l'éléphant qui était en évidence dans cette salle, indifférent aux regards des humains qui défilaient.

— Les mammouths n'existent plus, répondit Albert, l'air étonné de l'ignorance de son ami.

Sur les murs, une peinture représentait la savane ; les animaux sauvages avaient l'air de se côtoyer paisiblement, rappelant le jardin d'Éden, à l'époque où la loi de la jungle ne régissait pas encore les relations entre les créatures.

Un dinausore trônait devant le musée

Dans la grande salle à côté, des animaux préhistoriques se reposaient les uns dans les airs, les autres dans du sable. La taille de ces animaux imposait le respect en même temps qu'elle rappelait à Masikini cette phrase d'un sage qui a dit : «La terre est une scène sur laquelle chacun joue son rôle et passe».

— Venez par ici, cria Marceline qui venait de découvrir au fond de la salle un tableau des hommes et des femmes de toutes les races. Le tableau avait pour but de montrer la diversité des caractères physiques. Les hommes et les femmes étaient donc photographiés nus et c'est cela qui avait attiré la fille.

— Elle est jolie, celle-ci, fit Albert en pointant du doigt les seins de la fille…

— T'as vu le zizi de celui-là ? s'exclama Jean-Paul.

— Ça suffit ! cria Masikini, on continue.

— Non ! crièrent les enfants, laisse-nous admirer ; le nu, c'est beau à regarder.

Masikini était gêné : son fils de neuf ans faisait partie de l'équipe ; dans sa culture, «pudeur» est un mot qui garde encore du sens.

Dans l'autre salle, ils eurent à admirer les animaux sauvages d'Afrique. Le roi des animaux trônait dans la vitrine comme il le faisait jadis dans la forêt à côté du léopard, ce félin hypocrite qui attaque dans le dos. Les antilopes, nourriture des carnassiers, avaient cet air naïf des enfants qui ne savent pas à quoi ils s'exposent.

— Pourquoi les singes sont-ils toujours dans les arbres ? demanda Albert.

— C'est une longue histoire, répondit Masikini. Elle s'est passée il y a très très longtemps, à l'époque où le singe et le crocodile étaient encore de bons amis.

Un jour, le singe demanda à son ami de l'aider à traverser une rivière. Monte sur mon dos, lui dit le croco, je te dépose de l'autre côté dans quelques minutes.

Le singe monta sur le dos de son ami. Au milieu de la rivière, le croco s'immobilisa, pris apparemment d'un malaise. Qu'y a-t-il ? lui demanda le singe, tu as l'air triste. Oui, j'ai un problème grave, j'aurais dû déjà t'en parler. Dis-moi ton problème, peut-être que je pourrais t'aider, dit le singe. Le crocodile versa des larmes, se racla la gorge et dit : Ma femme est très malade ; pour la soigner, le guérisseur m'a dit de lui rapporter le cœur tout frais d'un singe…

que faire ? Le singe réfléchit un instant avant de répondre : Et tu pleures pour un cœur de singe ! Je peux te donner le mien, mais seulement je l'ai oublié là sur l'arbre que tu vois de l'autre côté de la rivière. Allons vite le récupérer, tu en feras ce que tu voudras.

Le crocodile traversa le fleuve, le singe s'empressa de monter dans l'arbre d'où il ne descendit plus. Voilà pourquoi le singe est tout le temps dans l'arbre.

Plus loin, dans une autre salle, ils découvrirent le monde aquatique : de nombreux poissons multicolores qui nageaient dans l'eau comme les oiseaux volent dans les airs, des crabes qui se traînaient au fond des eaux et des tortues alourdies par leurs coquilles…

Une fille flamande, portant un appareil photo, vint les rejoindre :

— Monsieur, je cherche où sont les oiseaux.

— Vous êtes journaliste ?

— Non, je suis photographe ; je prépare une exposition sur les oiseaux, il me manque les merles.

Ils partirent ensemble à la recherche des oiseaux. Ils admirèrent en passant les insectes.

Le temps filait, sans que les enfants s'en rendent compte. Lorsque l'animateur leur dit qu'il était temps de quitter le musée, ils répondirent en chœur :

— Nooon ! nous voulons encore faire un tour.

Masikini n'eut même pas le temps de répondre qu'ils étaient repartis derrière le guide. Il se mit à compter les pièces de monnaie qui lui restaient, se demandant s'il n'allait pas inviter ses protégés au restaurant.

— J'ai faim, cria Jean-Paul, qui revenait en courant.

— Moi aussi, reprit Albert, il faut que je mange, maintenant, tout de suite.

— Nous allons manger ensemble, il faut que tout le monde soit là.

— Tout le monde est là, monsieur, laisse-nous manger maintenant.

— Nous n'allons pas manger ici, dit Masikini, allez, tenez-vous par la main, deux par deux et suivez-moi..

— Où tu nous emmènes ? demanda Marc.

— Au restaurant.

— Ouais ! Allons au Quick, s'il te plaît, c'est là qu'on mange bien.

— On y va à pied ou en bus ? demanda Amandine exténuée.

— Nous marchons jusqu'au restaurant, vous devez apprendre à dépenser de l'énergie, c'est bon pour la ligne.

Les nombreux clients, au Quick, se retournèrent en voyant ces drôles de clients qui se précipitaient pour avoir une place du côté de la fenêtre. Masikini commença par installer son monde avant de passer la commande. Les enfants qui avaient un peu plus de moyens demandèrent à l'animateur s'ils pouvaient commander de la nourriture en plus.

— À condition de partager avec ceux qui n'en ont pas.

C'est ici que Masikini se rendait compte des différences de statut social des enfants. Pendant que certains n'avaient rien, d'autres avaient reçu de leurs parents plus qu'il ne fallait. Heureusement que l'École de Devoirs, c'était aussi l'école du sens du partage.

Les enfants mangeaient gloutonnement, pressés qu'ils étaient d'aller dans la salle de jeux au fond du restaurant.

— Vous n'êtes pas fatigués ?

— Non ! tu nous laisses encore jouer pendant un quart d'heure ? Hein ?

Masikini en profita pour souffler en même temps qu'il se préoccupait du retour. Les enfants ne sont pas faciles à contenir dans le train. Que faire quand on en a vingt et que trois d'entre eux vous disent qu'ils veulent aller aux toilettes. Masikini rêvait d'avoir un collaborateur mais il savait bien qu'il ne l'obtiendrait pas. N'y en avait-il pas, parmi ses chefs, qui trouvaient déjà que son temps plein était de trop ? L'autre question était de savoir si des voyageurs accepteraient de jouer aux accompagnateurs comme à l'aller.

— Rentrons par la Gare du Midi, fit Jean-Paul.

— Ouais ! nous pourrons ainsi monter et remonter les escalators pour la dernière fois.

Comme à l'aller, le voyage retour se fit sans encombres. Les parents attendaient à la gare. Ils furent heureux d'accueillir des enfants rayonnant de bonheur. Ils devaient s'armer de patience, les parents, car les enfants avaient, ce soir-là, des choses à raconter.

Une fois à la maison, Allégra, la fille de Masikini, ne vit pas que son papa était fatigué :

— Tu nous accompagnes à la piscine, hein, papa ?

— Ah non ! ma fille, tu devrais avoir pitié de moi… après avoir eu affaire à des enfants, je suis cassé.

— Non, papa, tu ne vas pas nous sacrifier pour les enfants d'ici ; à chaque fois que tu reviens de ton boulot, tu es si fatigué que tu n'as pas de temps à nous consacrer. Ce n'est pas juste ; pourquoi ne changes-tu pas de métier ?

Masikini revit le film de la journée, il se rappela tous ces enfants qui font la navette entre des parents séparés et à qui personne n'a jamais dit « non ». Il revit tous ces parents qui rationalisent leur conduite au point de prétendre que l'enfant reste en dehors des tiraillements entre époux. Il revit ces parents bénéficiaires de la révolution de mai 68 et qui ne peuvent pas dire non à leur enfant. Que d'agressivité n'avait-il pas remarqué chez un enfant dont les parents étaient en instance de divorce. Il se demanda où l'homme blanc trouvait l'audace de prétendre que la famille traditionnelle ne convient plus pour le monde d'aujourd'hui.

Quand Masikini voyait à quel point la femme européenne court, il se posait des questions sur les acquis de l'émancipation. La femme qui vit seule est aussi essoufflée qu'un esclave : déposer l'enfant à l'école, aller à son boulot, faire des courses, faire la cuisine, rechercher l'enfant, le déposer à la salle de gymnastique, le reprendre, surveiller ses devoirs… elle doit aimer un autre homme, qui, lui, vient de temps en temps : il n'a pas envie de s'engager ! La femme européenne doit dormir, puis se réveiller… pour recommencer ! Elle doit faire le père, tout en restant la mère !

Le jour où cette mère sera fatiguée, l'enfant roi qu'elle aura élevé la placera dans une maison de repos. Il ira lui rendre visite de temps en temps, pour lui soutirer de l'argent. À sa mort, l'enfant roi aura un héritage, il ira en voyage avec une copine. Dès qu'ils auront tout consommé, cette dernière lui tournera le dos. Ah, oui ! ils sont de plus en plus nombreux, ces enfants qui auraient pourtant intérêt à dire avec Hugo : « Oh ! L'amour d'une mère ! amour que nul n'oublie ».

Masikini pensa à sa mère restée en Afrique, un couplet d'un texte de Paulin Kokou lui revint à la mémoire :

Mère tendre, douce mère
Ce jour à Paris…
Je me hisse au-delà des monts vertigineux de béton et d'acier
Et j'aperçois près des eaux étales et safranées
Les cases rondes de mon pays
Qui se soulèvent dans le lointain comme des seins émus…

Un voile de larmes couvrit les yeux de Masikini : l'Afrique qu'il évoquait était aussi l'Afrique des guerres, de la faim, de la maladie.

— Papa, je t'ai demandé de nous emmener à la piscine, fit de nouveau Allégra.

— Le week-end prochain, ma fille...

— Promis ?

— Juré !

Masikini ne comprenait pas pourquoi il devenait soudainement triste. Il se demandait s'il n'était pas dans l'une de ces situations médiumniques qui font percevoir des situations à venir. Qu'est-ce qui allait se passer à l'École de Devoirs le lendemain ?

III

Besoin d'attention, besoin d'amour

Ce jour-là, la petite Magali n'avait pas du tout le cœur à l'ouvrage. Tapie dans son coin, elle se demandait pourquoi le sort s'acharnait contre elle.

— Tu as un problème ? lui demanda Masikini.

Elle ignora la question, regarda l'animateur avec l'air d'une personne qui s'étonne qu'on doive lui poser la question pour se rendre compte à quel point elle souffrait.

— Ne reste pas seule dans ton coin, viens travailler avec nous !

Masikini l'installa à une table, lui remit un puzzle afin de lui permettre de travailler seule si telle était son intention.

— Quand tu auras fini, lui dit-il, tu pourras toujours nous rejoindre.

La petite fille tint Masikini par la main comme pour lui dire : « Ne t'en vas pas !»

— Tu veux dessiner ?

— Non, monsieur !

— Tu veux que l'on parle ? Qu'as-tu ? Dis-moi…

— J'ai peur, monsieur.

— Tu as peur… reprit Masikini sur le ton de quelqu'un qui voudrait dire : «Tu peux me faire confiance».

— J'ai peur que mon papa et ma maman ne se séparent. Je les aime tant.

— Où vas-tu chercher des idées comme ça ?

— J'sais pas ! fit la fille.

— As-tu entendu tes parents parler de divorce ?

— Non !

— Mais alors ?

— Ce matin, ma meilleure amie est venue en larmes : son père est parti ! J'ai peur, monsieur, je ne veux pas que mes parents se séparent.

— Tu veux qu'on en parle avec eux ?

— Oh oui, monsieur.

À 17 heures, les parents de Magali vinrent tous les deux chercher leur fille.

— Ça a été ? demanda la mère à Masikini.

— Ç'aurait pu être mieux, madame, ça vous dérange de parler pendant quelques minutes avec nous ?

— Non, dois-je entrer ?

— Oui madame, nous n'en aurons pas pour longtemps. Votre mari peut venir aussi, c'est le souhait de votre fille.

— Oh là là, vous me faites peur, monsieur ; qu'a-t-elle fait encore, ma petite fille ?

Une fois installés, Masikini prit la parole :

— Magali n'est pas en forme aujourd'hui. Je pense qu'elle a quelque chose à vous dire. Vas-y, Magali, la parole est à toi.

La petite regarda son père, puis sa mère avant de dire :

— Dis-moi, maman et papa vous resterez toujours ensemble, n'est-ce pas ? Tu n'abandonneras jamais ma maman, hein ?

Dis-moi, papa, maman et toi,
vous resterez toujours ensemble, n'est-ce pas ?

Pendant qu'elle parlait, ses yeux s'humectaient. Monsieur et madame sortirent chacun un mouchoir pour essuyer ses larmes. Ils s'embrassèrent avant de sortir, les yeux également embués. Masikini ne chercha jamais à savoir pourquoi l'enfant avait eu si peur, il ne chercha pas non plus à savoir ce qui s'était passé par la suite. Sa joie fut grande de constater le jour suivant que Magali avait l'air rassurée.

L'École de Devoirs, c'est aussi cela. Un endroit où l'enfant peut exprimer ce qu'il ressent. L'animateur ne peut pas résoudre tous les problèmes, mais il peut écouter et aiguiller vers des services spécialisés.

Mais comment être à l'écoute et rester disponible pour les autres ? Le conseil d'administration n'avait prévu qu'un seul poste, celui du coordinateur. Pour le reste, on comptait sur les bénévoles.

Des bénévoles ? il y en eut, mais ils ne firent pas long feu. Monsieur Lavache vint un jour proposer ses services. Il avait fait carrière dans les finances ; fraîchement pensionné, il ne se faisait pas à l'idée d'être un homme qui en avait assez fait et qui devait se reposer.

— Je viens voir si je peux vous être utile, dit-il à Masikini.

— Bienvenue, monsieur, ce n'est pas le boulot qui manque.

Il expliqua à Masikini qu'il était un homme de bonne volonté et qu'il aimait les enfants. Il avoua cependant qu'il n'avait aucune expérience de l'enseignement.

— Ce n'est pas grave, lui dit Masikini, tout s'apprend.

15 h 30, Masikini prit la direction de Beaurieux où les enfants l'attendaient dans l'enceinte de ce qui fut l'école primaire du village. Les enfants

de toutes les écoles primaires de Court-Saint-Étienne se retrouvaient là, tous les mercredis, pour des activités ludiques et pédagogiques.

— Venez ! cria Masikini à l'attention des enfants qui jouaient déjà dans la cour.

Bien entendu, il dut insister longuement pour que les enfants interrompent leurs jeux. Il les connaissait bien, ces enfants européens. Quand on les appelle, ils répondent : «Quoi ?» Quand on leur propose une activité dehors, ils veulent jouer à l'intérieur ; quand il faut rester dans la salle, ils veulent jouer dehors. Ce sont des éternels petits contestataires.

— Ils sont toujours comme ça ? demanda monsieur Lavache, le bénévole.

— Vous n'avez encore rien vu, lui répondit Masikini.

Près de la table, Masikini prit la parole :

— Je vous présente monsieur Lavache, désormais il travaillera avec nous...

— Oh ! La vache ! crièrent en chœur les enfants.

— Quelle idée, fit Jean-Paul, d'appeler quelqu'un La vache !

— Meuh, meuh... entonna l'un des enfants...

Monsieur Lavache gardait son calme, il avait l'air de ne plus s'étonner qu'on se moque de lui. Masikini donna la parole aux enfants, ils firent ensemble le programme du jour : football, jeu de piste, goûter et devoirs. Claude et Yasmina accompagnèrent les enfants au terrain de football pendant que Masikini entreprenait de montrer à monsieur Lavache comment aider un enfant à résoudre les problèmes.

Caroline est une élève studieuse, elle ne conçoit donc pas de commencer par les jeux quand elle a un devoir à faire.

— Montre-moi ton devoir, lui dit Masikini.

Elle s'approcha avec un petit air de méfiance vis-à-vis de monsieur Lavache. Celui-ci se faisait pourtant discret, conscient de ses limites, prêt à « apprendre à apprendre ». Caroline ouvrit son cahier devant Masikini qui lui dit : «Tu vas commencer par lire attentivement ce qui est écrit. De quoi est-il question ? Qu'est-ce que nous connaissons ? Y a-t-il autre chose que nous puissions déduire de ces données ? C'est quoi l'inconnue ? Relis bien, il y a une virgule… Comment fait-on pour trouver l'inconnue ? Tu connais la formule ? Attention à l'unité de mesure… Applique la formule maintenant… Vas-y, calcule… Très bien ! tu vois, tu as réussi.»

— Je réussis parce que tu expliques bien, monsieur. À l'école, notre institutrice va trop vite.

— Nous n'allons pas parler de ton institutrice, c'est toi qui dois faire le travail. Tu as réussi un premier exercice, le reste, tu le fais seule et nous corrigerons après.

Monsieur Lavache regardait Masikini d'un air admiratif :

— Tu as toujours fait ça ?

— Non, en Afrique il n'y a pas d'Écoles de Devoirs pour les élèves de l'école primaire. Les parents qui le peuvent engagent plutôt un répétiteur ; celui-ci vient travailler avec l'enfant à la maison. En fin d'humanités, ceux qui le désirent peuvent bénéficier d'un encadrement en dehors de l'école, il s'agit ici de préparer les examens de fin d'études secondaires. J'ai fait beaucoup d'autres choses dans mon pays, sans m'éloigner de l'enseignement. Apprendre aux enfants à résoudre un problème n'est pas très difficile pour moi. Il faut se rappeler le but d'une leçon comme celle-ci : il s'agit d'apprendre à l'enfant à comprendre une situation difficile, de l'analyser, d'en ressortir les éléments, de les combiner et de trouver une issue. Le but premier d'une leçon de problèmes, ce n'est pas de calculer mais de travailler le raisonnement de l'enfant. Cela passe donc par la capacité à se concentrer, par la capacité à comprendre ce qu'on lit, par l'analyse et le reste. Notre rôle est donc de guider l'enfant dans toutes ces démarches.

— Eh bien, il m'en faudra du temps pour être à la hauteur.

— Tu pourras toujours commencer par la lecture, ils sont nombreux ceux qui ne savent pas lire. Il y a aussi des enfants qui courent dans tous les sens et qui ont besoin d'être surveillés.

Ils furent interrompus par les enfants qui revenaient, fâchés contre un de leurs condisciples :

— Il a shooté la balle dans le bois et nous ne la retrouvons pas !

Pierrot avait l'air satisfait d'avoir interrompu le match. Il ne manifestait aucun signe de culpabilité.

— Vous devrez vous attendre à ce genre de comportement, dit Masikini à monsieur Lavache.

— Vous ne le punissez pas ?

— Pourquoi le punir ? Je le connais, ce pauvre petit, il vient d'un milieu difficile. Faire le contraire de ce qu'on lui demande, c'est pour lui une façon de se faire remarquer.

— C'est le psy qui parle, j'imagine, vous n'avez pas peur de faire de nos enfants des anarchistes ?

— Vous êtes déjà anarchistes, Monsieur Lavache : vous avez connu la révolution de mai 68. Vos enfants sont des rois ! On ne peut pas les contrarier…

— Ne caricaturez pas, monsieur ; une certaine dose de sévérité… ça aide l'enfant à se structurer.

— Qu'est-ce que nous faisons, monsieur, cria un enfant, tu nous donnes une autre balle ?

— Pierrot a peut-être une solution pour nous… Pierrot, dis-nous… qu'est-ce que tes copains vont faire maintenant ?

— Je ne l'ai pas fait exprès, monsieur, j'ai shooté un peu plus fort, c'est tout.

— Je vais te donner un travail, conclut Masikini. Tu vois cette armoire-là, au fond de la salle ? Tu vas me ranger tout ce qu'il y a dedans.

Pour une fois, Pierrot se mit au travail sans rouspéter. Les autres enfants s'installèrent autour de la table pour écouter attentivement monsieur Lavache :

— Vous en avez de la chance. Il y a très longtemps, quand j'avais votre âge, nous n'avions pas le droit de faire n'importe quoi. À ce moment-là, on ne parlait pas des droits de l'enfant comme on le chante aujourd'hui. Nous étions à la merci des enseignants et des élèves plus âgés : ils nous tapaient dessus fréquemment. Moi particulièrement, j'en ai vu de toutes les couleurs à cause de mon nom.

— Lavache ! cria un enfant.

— Oui, Lavache ; maintenant, ça ne me fait rien que vous vous moquiez de moi, mais quand j'étais jeune, j'ai beaucoup souffert.

— Tu pleurais ? demanda Jean-Paul.

— Non, je tapais ceux qui m'importunaient.

— Ouais ! mais tu n'étais quand même pas le plus fort de ton école, il y en avait qui étaient plus forts que toi, non ?

— Je n'étais pas le plus fort, c'est pour cela que j'ai appris le karaté…

— Hé, hé… monsieur est dangereux, firent les enfants qui se reculaient.

— N'ayez pas peur, les arts martiaux c'est pour se défendre.

Les enfants passèrent de l'attitude de moquerie à celle de l'admiration. Monsieur Lavache leur parla de ses études interrompues par la guerre : «À notre époque, il n'y avait pas de sécurité sociale. Il fallait bosser dur si l'on voulait vivre convenablement. Moi, j'avais des chaussettes trouées, que ma grand-mère avait tricotées à la lueur d'une bougie…»

— C'est triste tout ça, monsieur, mais vous n'aviez qu'à dire à vos parents de ne pas se battre.

Masikini n'avait pas fini de s'occuper de la fillette. Il vit venir Jean-Paul qui traînait par la main Marcos.

— Qu'y a-t-il ?

— C'est un voleur, je l'ai surpris, il volait dans mon sac.

Marcos avait l'air résigné. Il tenait encore un billet de dix euros qu'il avait pris dans le sac de Jean-Paul.

— Ce n'est pas de ma faute, monsieur. Tout ça, c'est la faute de mon frère. Il me tape tellement que je ne sais plus ce que je fais.

— Tais-toi, voleur, répliqua son frère qui hésitait entre défendre son frangin et laisser les autres le punir de sa malhonnêteté.

— Oui, c'est de ta faute, hier tu m'as encore tapé à la tête. Je ne sais plus ce que je fais.

Monsieur Lavache suivait la scène avec curiosité. Il se demandait quelle attitude Masikini allait adopter.

— C'est bon, Jean-Paul, tu récupères ton argent. Toi, Marcos, tu demandes pardon et tu promets de ne plus jamais recommencer.

Pendant le goûter, Masikini prit à part Marcos et lui dit :

— Ce n'est pas bien ce que tu as fait. Tu dois savoir respecter les biens des autres. L'argent, ça se gagne…

— Je dois chercher du travail, c'est ce que tu veux dire ? répliqua Marcos.

— Non, les enfants ne doivent pas travailler pour de l'argent. Ils reçoivent l'argent de leurs parents.

— Et vous pensez que tous les parents ont de l'argent à donner aux enfants ? Vous savez ce que c'est que de voir les autres acheter ce qu'ils veulent, alors que moi je ne peux rien m'offrir ?

— Je sais que ce n'est pas facile pour ta famille, c'est pour cela que notre École de Devoirs n'a rien exigé de toi. Le goûter que nous vous offrons est acheté avec l'argent du Court Pouce. Mais tu sais, Marcos, ma crainte est qu'en volant ici, tu ne voles ailleurs aussi. Aimerais-tu te retrouver en prison plus tard parce que, jeune, tu auras appris à voler ?

— Non, monsieur, je n'ai pas envie de devenir un voleur. Je ferai un effort pour ne pas recommencer mais tu diras à mon frère de ne plus me taper.

Marcos était un mature précoce, mais il était engagé dans la voie du mal. Masikini se souvint d'un autre enfant, Cédric ; à onze ans, il était déjà responsable de son petit frère de cinq ans. On les voyait chaque jour le long de la route, attendant une mère qui n'était pas souvent pressée de venir les rechercher. Ils étaient huit enfants à la maison. Quand chacun avait jeté dans un coin une mallette mal fermée, la maman ne savait pas toujours à qui appartenait le plumier bleu ou la latte en plastique. Les disputes, à propos des objets classiques, étaient tellement fréquentes que la mère avait fini par demander aux enseignants que chacun des enfants laisse sa mallette à l'école. On avait donc là le cas flagrant des écoliers dont les parents ne voient jamais le journal de classe.

L'heure de la fin des activités approchait :

— Nous allons mettre de l'ordre dans la salle, avant de partir.

— Ah non ! moi, je suis fatigué, dit Jean-Paul.

— Toujours fatigué quand il faut travailler, n'est-ce pas ?

Masikini éleva le ton. Il le fallait dans un pays où les enfants parlent des droits sans se poser la moindre question sur les devoirs. Une première voiture pointa le nez. Un enfant s'exclama : Déjà ! Ils s'amusaient bien, à l'École de Devoirs, les braves gosses, au point de ne jamais être contents de rentrer à la maison.

IV

« Un vieux qui meurt, c'est une bibliothèque qui brûle » (B. Diop)

Claude, le stagiaire du Court Pouce, avait fait la proposition d'aller visiter le musée intergénérationnel à Ottignies. Les enfants se demandaient ce que ça pouvait être, «le musée intergénérationnel» !

— Vous le découvrirez sur place, dit Claude aux petits curieux.

Dans un monde où la valeur d'un homme semble liée à sa capacité de production et où les vieux sont parqués dans des maisons de repos, quelqu'un avait eu l'idée géniale d'ouvrir des résidences pour les personnes du troisième âge. En plus des appartements, il y avait des salles d'exposition d'objets anciens. L'idée n'était pas de remonter loin dans la nuit des temps, mais de montrer aux jeunes d'aujourd'hui ce que nos parents et nos grands-parents utilisaient hier. Les résidents pouvaient ainsi expliquer aux visiteurs comment l'on faisait la lessive avant l'invention de la machine à laver, comment l'on repassait les vêtements lorsque l'on n'avait pas encore de l'électricité.

Dans une salle, des bancs à l'ancienne étaient alignés, avec un encrier et des porte-plumes dessus. Une photo au mur montrait des jeunes filles habillées jusqu'aux pieds, sous la garde d'une bonne sœur. Un cahier de calligraphie était exposé, avec des lettres tracées par une fille consciencieuse, à l'époque où les enfants écoutaient avec attention un instituteur respecté dans le village.

— Nos enseignants étaient sévères, nous dit une dame. Ils nous frappaient avec une règle sur les doigts quand on n'était pas sage.

— Et vous ne pouviez pas vous révolter, demanda Jean-Paul. Vous n'aviez pas de droits ?

— Les choses ont évolué, mon gamin, estime-toi heureux d'être de la génération d'aujourd'hui.

Masikini eut un pincement au cœur : il se souvint lui aussi de sa vie d'élève. Dans les internats tenus par des pères scheutistes, il y avait de la discipline. À ce moment-là, il n'était pas encore permis d'aimer. Il fallait garder ses distances par rapport à la femme, elle était l'objet de la tentation. Lors de la promenade du dimanche, les élèves sortaient en rangs, accompagnés par un surveillant. Gare à celui qui s'écartait de l'itinéraire fixé d'avance. Masikini se souvint du matin où le père directeur siffla le rassemblement ; la sœur directrice de l'école des filles était à côté de lui, rouge de colère. Le motif ? Eh bien, des lettres interceptées ! Des lettres qui allaient de l'internat des garçons vers l'internat des filles ! Des lettres qui ne disaient rien de méchant ! Des lettres dans lesquelles le verbe «aimer» était conjugué à tous les temps ! Des lettres dans les coins desquelles étaient dessinées des roses ! Ah oui, c'était interdit ! Les élèves avaient alors droit à un sermon matinal pendant que les «coupables !» étaient punis.

Avec du recul, Masikini reconnaissait qu'il n'était pas malheureux à l'internat. Il se souvenait du temps où par les monts et par les plaines les élèves fredonnaient à tue-tête :
Le ciel est bleu, le ciel est bleu
Réveille-toi, réveille-toi
C'est un jour nouveau qui commence
Le ciel est bleu, le ciel est bleu
Le printemps chante sur les toits, réveille-toi…

Ah oui, les élèves d'Afrique chantaient le printemps qu'ils n'avaient jamais connu ! Ils étaient heureux et ils chantaient encore :
Ah qu'il est bon d'avoir notre âge,
Ah qu'il est bon d'avoir quinze ans et de marcher toujours le cœur content vers le clocher de son village.

Dans une autre salle du musée intergénérationnel qu'ils visitaient, un vieux leur montra des moulins à café. Il montra la manière dont le café était traité. Le breuvage sentait bon, l'arôme rappelait ces cuisines de nos grands-parents d'où sortent des mets qui, en plus de leur goût, rappellent le parfum de celui qui les a préparés.

— C'est vraiment chouette, dit Serge, de nous avoir amenés ici. Je vois les vieilles personnes avec un autre regard.

— Chuut ! fit Jean-Paul en direction de Serge, on dit « personne âgée » et non « vieille personne ».

Masikini ne put s'empêcher de sourire. Dans son pays, appeler quelqu'un « vieux » est une marque de déférence, il ne comprenait toujours pas pourquoi les gens ont peur de l'âge en Europe. Il se souvint du jour où il répétait une pièce de théâtre dans une troupe où il était le seul Noir. Deux dames lui demandèrent comment il faisait pour retenir le texte avec autant de facilité. L'une d'elles ajouta : «Les spectateurs se moqueront de moi lorsque j'aurai des trous de mémoire », ce à quoi Masikini avait répondu : «Non, madame, on ne peut que vous admirer, faire du théâtre, à votre âge, c'est déjà admirable».

Les braves dames échangèrent leur sourire contre une grimace qui trahissait l'indignation ; Masikini comprit qu'il venait de gaffer. Il venait de faire allusion à l'âge de la femme en Europe ! Comment réparer ? Trop tard, le mal était fait ! Ce jour-là, il passa une nuit tourmentée, il espérait que les braves dames comprendraient qu'il était d'une autre culture et qu'il n'avait pas voulu être méchant. Il attendit la prochaine répétition pour s'excuser. Avec le temps, il apprit qu'en Europe on dit : «J'ai trois fois vingt ans» plutôt que de dire : «J'ai soixante ans !» Il s'habitua à lire sur l'invitation : «Vous êtes invité par l'association des femmes de deux fois vingt...»

— Pourquoi n'avez-vous pas peur de l'âge en Afrique, lui demanda un jour une dame, vous n'allez tout de même pas me dire que vous n'avez pas peur de vieillir ?

— Il y a tellement de gens qui meurent en bas âge en Afrique que les survivants considèrent chaque année de gagnée comme une victoire sur la mort. Les personnes âgées restent en famille et on les écoute. C'est pour cela qu'un auteur africain a écrit : «En Afrique, un vieux qui meurt, c'est une bibliothèque qui brûle».

— Ton grand-père doit te manquer, alors ? lui demanda la dame.

— Pas tant que ça, répondit Masikini, il est déjà mort. Mais je me souviens de la dernière fois où il m'a accompagné à la gare ; j'allais à l'université, à deux mille kilomètres de chez moi. À mi-chemin entre la maison et la gare il m'a dit : «Poursuis seul ton chemin ; marche, ne regarde plus derrière. Si pendant que tu marches, tu entends pleurer derrière toi, si quelqu'un te dit que ton grand-père vient de mourir, eh bien ! pleure si tu en as envie mais ne te retourne pas. Ce n'est pas toi qui me ressusciteras, mais en continuant ton chemin, tu feras des études, tu trouveras un bon boulot et tu pourras aider ceux qui restent...»

— Il était sage, ton grand-père, coupa la dame.

— Le tien aussi.

— Ici, les vieux prennent tellement de médicaments qu'ils ne savent plus ce qu'ils font, à cause des effets secondaires.

Un vieux qui meurt, c'est une bibliothèque qui brûle

Les enfants du Court Pouce n'étaient pas au bout de leurs surprises : dans une autre salle du musée intergénérationnel, se tenait une exposition de bande dessinée sur l'image que les gens se font de la personne âgée. Il y avait des planches qui n'invoquaient chez les vieillards que fatigue et maladie mais il y en avait aussi qui vantaient des vieillards vigoureux, amoureux de la fête et de la bagarre comme au village gaulois d'Astérix et d'Obélix.

Dans la dernière salle, il y avait une vidéo. Un monsieur souhaita la bienvenue aux enfants du Court Pouce avant de poursuivre :

— J'espère que vous n'êtes pas trop fatigués, vous allez vous asseoir un moment, nous allons visionner ensemble une cassette vidéo.

Le film racontait l'histoire d'une rencontre fortuite, dans le train, entre Alice, une vieille dame, et un jeune adolescent. La dame croyait finir ses jours dans une maison de repos jusqu'au jour où elle vit, au journal télévisé, un reportage sur un musicien de sa génération qui revenait d'exil.

— C'est pas vrai ! cria-t-elle.

— Qu'est-ce qui te prend ? lui demanda une copine.

— Le musicien, fit-elle, haletante.

— Quoi, le musicien ?

— C'est Alix, c'est lui, mon premier amour.

— Elle délire, lança quelqu'un dans la salle, donnez-lui son médicament.

Elle ne délirait pas, la brave vieille, Alix était son premier amour. Le film de sa vie lui revint à la mémoire. Ils avaient l'un vingt et l'autre dix-huit ans lorsque le pays fut envahi par l'ennemi. Alix avait été mobilisé, il était parti à la guerre pour ne pas revenir. La fiancée avait attendu, en vain ! Elle avait essayé de faire le deuil mais sans réussir à oublier Alix, son bien-aimé. À chaque fois qu'elle avait entendu «Malb'rough s'en va en guerre...», elle s'était dit que la chanson avait été composée pour elle. Elle avait donc pris l'habitude de fredonner : *Beau page, mon beau page mironton, mironton, mirontaine, beau page, mon beau page, quelles nouvelles apportez ?*

Pour l'aider à faire son deuil, sa maman, qui en avait assez de la voir se morfondre dans la douleur, complétait la rengaine : *Aux nouvelles que j'apporte, mironton, mironton, mirontaine, aux nouvelles que j'apporte vos beaux yeux vont pleurer… Monsieur Malb'rough est mort… Est mort… et enterré…*

Depuis la fin de la guerre, l'eau avait coulé sous les ponts. Alice avait cru avoir oublié, jusqu'à ce jour où le journaliste présenta à la télévision ce musicien qui revenait de l'exil et sur le visage duquel on pouvait lire un désir ardent de croquer la vie à pleines dents.

Alice éprouva les mêmes sensations qu'à l'adolescence. Elle prit la résolution d'aller à la rencontre de son prince charmant. Comment la recevrait-il ? Elle ne se posait pas la question. Elle se disait que le temps ne pouvait pas avoir éteint complètement le feu de l'amour qui les avait révélés l'un à l'autre. Elle avait cette confiance aveugle qui pousse certaines femmes à projeter chez un partenaire indifférent les sentiments qu'elles éprouvent.

Pendant le voyage, Alice et le jeune homme apprirent à se connaître, à s'apprécier et à s'entraider. Le film se terminait par des retrouvailles pleines d'émotion entre la dame et le musicien. Alice, au bras de son ami, retrouva l'agilité de ses jambes. Elle se laissa entraîner dans une valse au rythme de la chanson qu'ils avaient écoutée le jour de leur première rencontre, un air qui résonnait dans ses oreilles comme si le temps ne les avait jamais séparés.

Les enfants du Court Pouce étaient émus. Ils retinrent de la visite l'évidence qu'ils récoltaient les fruits d'un arbre planté et soigné par ceux qui, aujourd'hui, sont relégués dans les maisons de repos. Ils prirent conscience du fait que la vieillesse n'enlève rien à la valeur d'un homme.

Masikini et sa troupe dirent au revoir aux habitants de la maison. Ces derniers avaient un regard illuminé, contents d'avoir eu de la visite mais surtout heureux d'avoir été écoutés par une bande de mioches qui avaient des choses à apprendre d'eux. Le sentiment d'être utile se lisait sur leur visage. Masikini était content, son École de Devoirs, c'était aussi cela, aider les générations à se rencontrer et à s'apprécier.

Préoccupé par la solitude des personnes âgées en Europe, Masikini se demandait si, quelque part, chacun ne récoltait pas les fruits de ce qu'il avait semé ? Que fait chacun pour ne pas se retrouver seul au soir de sa vie ? N'y en a-t-il pas parmi eux qui n'ont compté que sur l'argent et les assurances et qui, le moment venu, se rendent compte que la chaleur humaine vaut son pesant d'or ? En Afrique, les vieux répètent souvent le proverbe : «Tant que tu es fort, attrape des sauterelles pour ton fils, quand il sera grand, il en attrapera pour toi.» Le proverbe laisse entrevoir l'éventualité qu'un vieux se retrouve seul s'il a vécu dans l'égoïsme et l'irresponsabilité. Mais pour s'assurer tout de même que les jeunes ne les abandonneront pas, les aînés racontent aux jeunes cette histoire :

Un jeune orphelin vivait paisiblement dans un village en compagnie de son grand-père. Le vieux l'entourait d'une telle tendresse qu'il n'avait même pas conscience du fait qu'il était orphelin. Comme tous les enfants du village, il mangeait à sa faim et s'amusait comme le voulait son âge. Initié petit à petit à l'école de la vie, il fut en mesure de gagner de l'argent en vendant du charbon de bois. Le grand-père était heureux de voir que son petit-fils pouvait se passer de lui.

Les clients venaient de partout acheter ses braises, ce qui l'encourageait dans son travail. Grand-père pouvait alors prendre un repos bien mérité ; il avait investi en faisant de son petit-fils un homme comme le voulait la tradition. Mais pour ne pas devenir une bouche qui ne fait que consommer, il continua à prodiguer des conseils à son compagnon, lui inculquant le sens des affaires, l'honnêteté et le respect de la coutume dans ce qu'elle a de positif.

Quand il sentit ses forces décliner et qu'il se sentit vraiment assuré que son petit-fils pouvait mener sa barque tout seul, il lui proposa un conseil de famille.

— Mon petit-fils, lui dit-il, je n'ai pas l'intention de ressusciter les morts, moins encore de faire naître en toi quelque sentiment de faiblesse mais je voudrais tout de même te rappeler que tous mes enfants sont morts et que tu es le seul au monde qui puisse

perpétuer notre nom. Il s'agit là d'une mission à la fois noble et divine. L'homme doit vivre sur terre comme une liane de courge qui se ramifie et porte des fruits même si la première branche est devenue stérile.

— Où voulez-vous en venir, Grand-père ?

— À te faire voir qu'il est plus que temps « d'allumer un feu » dans ta case.

— Vous voulez parler de mariage ?

— Tu m'as bien compris.

Le jeune homme suivit le conseil de son grand-père, celui-ci eut la joie et la bénédiction de porter dans ses bras son arrière-petit-fils.

— Je peux mourir maintenant, clama-t-il, sincère, lorsque le nourrisson fut appelé par son nom…

— C'est très tôt, lui répondit son petit-fils, il faudra garder l'enfant pendant que ma femme et moi iront cultiver nos champs.

La vie allait bon train. Au fil des jours, le petit-fils, conseillé par ses amis, trouva que le vieux intervenait un peu trop dans ses affaires. Il décida donc d'abandonner Grand-père à son sort et d'aller habiter dans un autre village !

Le vieil homme fit de son mieux pour dissuader le jeune de son projet. Ce dernier lui recommanda tout bonnement de ne pas gaspiller sa salive.

«Faisons contre mauvaise fortune bon cœur», se dit le vieux et il souhaita beaucoup de bonnes choses au couple.

Se sentant plus libre qu'avant, le jeune homme eut l'impression d'être plus heureux que jamais. Pas une seule fois il ne regretta son grand-père.
Un jour, alors que le soleil venait de se cacher derrière l'horizon, il vit entrer dans sa concession cinq chimpanzés à l'air patibulaire. Ils traînaient avec eux un fût rongé par la rouille.
— Tu vas nous fabriquer cinq haches avec ce fût, lui dirent-ils, menaçants.
— On ne peut rien tirer d'un fût aussi usé, répondit-il.
— Garde tes réflexions pour toi et fabrique-nous des haches si tu ne veux pas mourir…
L'homme tremblait de tous ses membres ; sa femme, impuissante devant le drame qui s'annonçait, versait de chaudes larmes. Les enfants, inconscients, regardaient avec curiosité ces êtres étranges couverts de poils.
— Allez me chercher de la braise, dit l'homme, tentant sans doute de distraire les singes.
— Pas de problème, nous en ferons avec les bois qui entourent ta concession.

Ce qui fut dit fut fait et l'homme n'eut pas la possibilité de s'enfuir :
— Nos haches maintenant, fit le plus féroce des cinq, nous avons d'autres chats à fouetter.
Sans doute pour gagner du temps, l'homme se mit au travail tout en étant sûr qu'il n'aboutirait à rien.
À l'aube, les singes, rassurés par le bruit du travail que faisait l'homme, relâchèrent la surveillance.

L'épouse réussit à s'éclipser. Elle courut tout droit au village voisin avec l'espoir de retrouver vivant le vieux grand-père.

— Quel bon vent t'amène ? s'étonna le vieux.

— Un mauvais vent, répondit la jeune femme en sanglotant.

Elle raconta ce qui se passait au village sans pour autant réussir à émouvoir Grand-père.

— C'est le moment de consulter vos amis, non ? J'interviens trop dans votre vie…

— Ayez pitié de nous ! Nous vous demandons pardon.

— Pourquoi devrais-je vous pardonner ? Vous avez pris votre liberté et vous avez bien fait ; vous n'avez qu'à vous débrouiller.

Déçue, découragée, la femme fit demi-tour ; elle se demandait si elle trouverait vivant son conjoint. Personne parmi les gens qu'elle rencontra sur son chemin ne put rien pour eux ; pis encore, ils avaient l'air de ne même pas s'en soucier. Une fois à la maison, elle se rendit compte que la situation était déjà plus tendue qu'avant. Comme illuminée, elle se dit que son fils aîné pouvait réussir là où elle avait échoué. N'avait-il pas le même nom que le vieux ? L'enfant alla trouver son arrière-grand-père. Celui-ci fut heureux de le revoir. Devant l'innocence de la jeunesse, Grand-père se laissa convaincre et il dicta à son arrière-petit-fils la stratégie à suivre. Ce dernier prit congé du vieux et alla bientôt dire à son père ce que Grand-père avait recommandé.

— Vos haches vont bientôt être prêtes, déclara enfin le jeune homme ; seulement, comme je les tire d'un four, il me faudra de l'eau pour les refroidir. Prenez ces cinq nasses et allez me chercher de l'eau à la rivière. Celui qui n'apportera pas d'eau sera brûlé et il mourra sur-le-champ.

Les singes prirent les nasses, s'en allèrent à la rivière et tentèrent en vain de ramener de l'eau au village.

— Qu'allons-nous faire, s'inquiéta le plus vieux du groupe.

— Et dire que c'est la mort qui nous attend si nous ne lui apportons pas d'eau, émit un autre.

— Fuyons dans la brousse.

Le jeune homme fut ainsi sauvé. Il fit tout de suite ses bagages et ramena sa famille vivre auprès de son grand-père.

— Elle est chouette, ton histoire, conclut Christelle, mais je ne vois pas pourquoi les singes n'ont pas su rapporter de l'eau…

— Tu es bête, lui répondit Albert, on rapporte de l'eau dans une bassine et non dans une nasse.

— La morale de l'histoire, conclut Masikini, est que toutes les générations ont intérêt à vivre ensemble.

V

« Maman me l'avait dit : non, n'y va pas, mon petit... » A. D

Ce jour là, Masikini avait prévu comme activité principale la musique. « Je chante le premier », cria Jean-Paul qui se précipitait déjà pour monter sur le podium. L'animateur le laissa faire et, comme il fallait s'y attendre, il entonna une chanson qui, de sa part, n'étonna personne :

Au clair de la lune, j'ai pété dans l'eau
Ça faisait des bulles, c'était rigolo
Ma grand-mère arrive avec un couteau
Elle me coupe les fesses en trois mille morceaux...

Les enfants s'esclaffèrent. Jean-Paul arborait un sourire de triomphe !

— Tu dis aussi des gros mots à la maison ? lui demanda Masikini, quelque peu déçu.

— Non, ma maman m'a dit que je peux dire tout ce que je veux ailleurs, mais pas à la maison.

— Moi, je te dis que tu devrais faire attention même quand tu n'es pas chez toi.

Masikini colla au mur une affiche et invita les enfants à bien l'observer.

— Que voyez-vous ?

— Une porte déchirée par une grenade ; à l'intérieur, une table sur laquelle il y a encore des restes de nourriture.

— Vous pouvez lire ce qui est écrit ? C'est un message de l'Organisation internationale pour les migrations.

Les réfugiés, avant qu'ils ne frappent à notre porte, d'autres ont frappé à la leur. Accueillons-les pour les aider à recommencer leur vie.

— Très bien, nous allons écouter maintenant une chanson d'Alain Dassesse, un texte en faveur des enfants qui ont eu la malchance de naître dans des pays en guerre. La chanson s'appelle : «Les jouets de la honte».

J'étais me baladant
Dans le champ de mes parents
Je n'ai pas bien compris
Que j'y risquais la vie

Maman me l'avait dit
Non, n'y va pas, mon petit
Ce sont des lieux maudits
Tu y perdras la vie

Je n'ai pas écouté
J'avais l'envie de jouer
De sortir du sentier

Goûter ma liberté

Quelque chose devant moi
Un peu plus gros qu'une noix
Brillait dans le soleil, une boîte à merveilles

Je l'ai pris dans ma main
Puis je me souviens plus
Je suis là ce matin
Mais je ne vous vois plus

Et tout a basculé
Pour une bombe ramassée
Une bombe cachée
Une bombe fabriquée

Une mine bien conçue
Qui devait pas me tuer
Qui était étudiée
Seulement pour mutiler

Messieurs les fabricants
De tous ces jouets d'horreur
J'espère que vos enfants
Vous jugeront avant l'heure

Et que vous comprendrez
Qu'il vous faut tout arrêter
Avec tout votre argent
Vous serez seuls tout l'temps...

… une mine étudiée pour mutiler !

Masikini profita de la chanson pour sensibiliser les enfants à la cause des enfants d'ailleurs. Il leur dit de prendre soin du matériel du « Court Pouce », de ne pas faire du gaspillage, de prendre conscience de la chance qu'ils avaient d'avoir des parents qui déployaient tant d'efforts pour leur rendre la vie toujours plus belle.

— Mon papa n'aime pas les étrangers, lança un enfant sur un ton de provocation.

— Il t'a dit pourquoi ?

— Non ! Il dit que les étrangers n'ont qu'à rester chez eux.

— Dis à ton papa d'écouter une belle émission qui est diffusée sur la RTBF le dimanche matin, elle s'appelle « Les Belges du bout du monde » ; ils racontent tous comme ils sont bien dans les autres pays où ils se sont installés.

Après le chant, Caroline vint trouver Masikini :

— Vous avez le temps de jeter un coup d'œil à mon devoir, monsieur ? Je n'y comprends rien.

— C'est le moment, dit Masikini, que chacun montre ce qu'il a à faire.

Monsieur Lavache n'était jamais revenu : il avait compris que ce n'était pas au Court Pouce qu'il allait avoir la reconnaissance des enfants. Un bénévole qui veut être remercié pour son travail doit aller ailleurs qu'à l'École de Devoirs. Les enfants sont tellement difficiles qu'au lieu de vous remercier, ils vous reprochent d'être là ! Ne restent longtemps dans ces milieux-là que ceux qui aiment le contact avec les enfants, ceux à qui s'applique l'adage, *La récompense d'une bonne action c'est de l'avoir faite.*

Lucie était une de ces mamies qui restent vigoureuses et qui, au-delà de soixante ans, peuvent encore jouer avec les enfants sur un terrain de volley-ball. Elle n'avait jamais travaillé en dehors de sa maison mais à force d'aider ses enfants et ses petits-enfants, elle avait fini par acquérir les notions de méthodologie de l'enseignement. Masikini pouvait donc compter sur elle. Avec un enfant qui faisait des fautes à la dictée, elle commençait par lui faire lire le texte, l'enfant le copiait… elle le lui dictait ensuite, ils corrigeaient ensemble, l'enfant recopiait les mots mal orthographiés… Lucie lui rappelait une règle de grammaire, elle lui faisait observer les mots qui présentaient une difficulté particulière… l'enfant vérifiait… Lucie lui redictait le texte jusqu'à ce qu'il fasse moins de fautes.

Claude n'était pas en reste non plus, il rappelait à Christelle le tableau des mesures, lui montrait comment y inscrire et convertir les données avant de faire les calculs demandés.

— À quelle heure nous mangeons aujourd'hui ? demanda Marcos, le gros.

Masikini avait fait un constat : c'étaient les enfants qui n'avaient rien apporté qui rappelaient qu'il était l'heure du goûter ! Il en avait parlé à son chef, et celui-ci avait insisté pour que le Court Pouce offre une collation gratuite aux enfants issus des milieux défavorisés.

— À table ! cria Yasmina, la brave demoiselle. Elle avait apporté un gâteau de chez elle, à la grande satisfaction des petits gourmands du Court Pouce.

Comme d'habitude, il y en eut qui ne cessèrent pas d'en redemander, affamés qu'ils étaient d'avoir tant couru.

Les enfants étaient impatients de savoir ce qui était au programme du congé de Carnaval, mais Masikini avait décidé de leur dire un conte avant de leur donner la suite.

Il était une fois dans la forêt une drôle de maman, elle était la mère de tous les animaux ! Un jour, piqué par on ne savait quelle mouche, le serpent se mit à se vanter devant ses frères : j'ai une peau luisante, je suis rapide, je suis fort… Le lézard prit la parole à son tour : j'ai une peau comme la tienne, je suis rapide et j'ai quelque chose que toi tu n'as pas, j'ai deux bras et deux jambes… La grenouille se tapa sur la poitrine : je suis le meilleur sportif de notre maison, si jamais il faut représenter notre maison aux jeux olympiques, c'est moi qui irai… saut en hauteur, saut en longueur… je suis le champion… Chacun des animaux se trouva une qualité à mettre en valeur. Le crapaud qui, jusque-là, n'avait rien dit, avait à peine ouvert la bouche que ses frères, à l'unisson, crièrent à son intention : Toi, tu la fermes… T'es pas beau… T'as des boutons sur le corps… tu vas lentement… Tu chantes mal…

— Arrêtez de m'insulter, fit le crapaud. Un jour, je peux aussi vous rendre service.

— Commence par te rendre service toi-même, tu ne sais même pas te défendre contre un danger… même un serpent peut t'avaler.

La mère des enfants dut intervenir :

— Arrêtez d'insulter votre frère, chacun de vous a ses points forts et ses points faibles. Un jour, vous vous rendrez compte que Crapaud peut vous aider lui aussi.

Ce jour ne tarda pas : le village fut frappé de sécheresse, il n'y avait plus une seule goutte d'eau dans le puits. La maman réunit ses enfants et leur dit : l'autre jour, vous vous trouviez tous et chacun extraordinaires, le moment est venu de me montrer ce dont vous êtes capables. Nous n'avons pas d'eau ; sans eau, nous sommes condamnés. Allez dans la forêt, creu-

sez un trou et rapportez-moi de l'eau. Ils prirent du matériel, mais au moment où ils allaient partir, ils dirent au crapaud de rester, arguant qu'il marche lentement et qu'il allait les retarder. Le crapaud n'avait pas envie de se laisser faire : « Et le caméléon, fit-il, il va plus vite que moi ? »
La mère s'imposa et le crapaud accompagna ses frères. Une fois le trou creusé, l'eau ne jaillit pas.
— Il faut descendre un à un, chanter pour invoquer les esprits, l'eau jaillira.
Le serpent chanta le premier :

Mema nyoka mema nyoka
Nyokolola mayi minkombe
Bulunda tuadia minkombe
Tuabudia ni mayi minkombe
Konji kalambila minkombe
Kalambila ku njilu minkombe
Kankusu belebele minkombe
Tumbuka tuyaya lubilu minkombe weeeee…

L'eau ne jaillit pas du puits. Chacun des enfants chanta à son tour mais rien n'y fit. C'est alors qu'intervint le crapaud : «Et si j'essayais moi aussi ?» Les autres se moquèrent de lui : «Tu chantes comme le barde gaulois. Essaie, tu verras ce que nous allons faire de toi».
— À votre place, je le laisserais essayer, dit la tortue.
— On ne perd rien, après tout, fit la grenouille.

Le crapaud descendit dans le puits et chanta :

Mema cula, mema cula
Cululula mayi minkombe
Bulunda tuadia minkombe…

Il n'eut même pas le temps de terminer la chanson que l'eau jaillit. Mais arrivés à la maison, tous les enfants se coalisèrent et dire à leur maman que le crapaud n'avait rien fait. La maman donna à manger aux autres et punit le crapaud. Ce dernier essaya de s'expliquer mais en vain : le mensonge de plusieurs fit la vérité de ce jour-là, hélas !
Le lendemain, les enfants retournèrent dans la forêt, il s'ensuivit le même scénario que la veille. Un grand oiseau qui vivait non loin de l'endroit où les enfants avaient creusé le puits avait tout vu. Il alla de nuit raconter à la mère des enfants ce qui se passait dans la forêt. Il proposa d'ailleurs à la brave femme une stratégie qui allait lui permettre de découvrir le pot aux roses : «Demain tu les envoies. Pendant qu'ils marchent, moi je viens te prendre sur mes ailes et je te cache dans l'arbre, tu verras ce qui se passe quand tes enfants viennent chercher de l'eau».
La maman était haut perchée dans un arbre. Les enfants se mirent à jouer d'abord, ils obligèrent ensuite le crapaud à descendre dans le puits et à chanter…
L'oiseau ramena la maman chez elle. Elle prépara ce jour-là un dîner de prince et attendit ses enfants.
— Tu sais, maman, le crapaud n'a rien fait…
Elle dressa la table sans dire un mot ; les enfants s'approchèrent sans voir le bâton qu'elle avait à la main. Elle frappa un à un les méchants et installa

le crapaud à la table. «C'est toi qui mange aujourd'hui, mon prince, je te demande pardon de ne t'avoir pas écouté.»

Les enfants applaudirent ; ils aimaient bien les histoires que leur racontait Masikini. Christelle osa cependant une question :

— Pourquoi tu nous as raconté cette histoire, monsieur ?

— Parce que je vous ai toujours raconté des histoires, tiens !

— Oui, mais tu as commencé par nous dire que chacun des animaux pensait qu'il était le plus beau… C'est comme les racistes, ils pensent qu'ils sont meilleurs que les autres.

— Le conte, c'est pour susciter une réflexion. Tu peux l'interpréter comme tu veux.

— Bientôt, il sera l'heure de partir, rappela Albert, c'est quoi le programme du Carnaval ?

— J'allais justement en parler. Eh bien, au congé de Carnaval, nous irons visiter une exposition sur les Massaïs à Han-sur-Lesse. Nous serons en compagnie des enfants de l'École de Devoirs de Wavre. J'espère que vous serez gentils avec eux et que nous allons bien travailler ensemble.

— Je comprends pourquoi tu nous as raconté l'histoire, monsieur, fit Christelle ; il y a des Marocains parmi les enfants de Wavre, tu as peur des attitudes racistes de notre part, c'est ça ?

L'idée de la rencontre avec les enfants d'une autre École de Devoirs excitait les enfants. Ils rêvaient déjà au train, au car et à ces Massaïs encore proches de la nature.

VI

« Un homme devant moi... une machette à la main... »

Parmi les jeunes de l'École de Devoirs de Wavre, il y avait un bon nombre d'enfants d'origine maghrébine, effectivement. Masikini constata tout de suite que leurs animateurs étaient du style classique et que ces enfants-là avaient l'air plus sages que les «démocrates» du Court Pouce. Les filles, l'air timide, avaient tendance à se regrouper entre elles. Masikini eut la surprise heureuse de constater qu'il y avait quatre animateurs pour les accompagner. Il se dit qu'il pouvait compter sur eux et passer une journée un peu plus relax.

Dans le train, des bandes se formèrent, non selon la provenance mais, curieusement, par similitude des caractères, illustrant ainsi le vieil adage : *qui se ressemble s'assemble.*

Une des animatrices de Wavre se confia à Masikini :

— Je suis contente de cette visite à Han ; mais je suis tout de même gênée : nous allons voir des

Massaïs comme on va voir des animaux dans un jardin zoologique !

— Ce n'est pas comme cela que je vois les choses, moi. Il ne s'agit pas d'une exposition d'êtres humains comme ce fut le cas à l'Exposition universelle de Bruxelles en 1958, ici nous allons découvrir la culture des Massaïs.

— Oui, mais on en a importé d'Afrique, d'après ce que j'ai lu sur le prospectus. Il y a quatre Massaïs que les gens vont regarder !

— Quatre Massaïs venus pour expliquer leur culture, corrigea Masikini, il faut voir les choses de manière positive. N'oublie pas que les Massaïs sont parmi les oubliés de notre temps.

— Je sais qu'ils ont été victimes de beaucoup d'injustices dans le passé.

Masikini se souvint de ce qu'il avait lu : les Massaïs sont des nomades. On les suppose originaires de l'Afrique du Nord. Éleveurs de vaches, ils mènent leur troupeau paître à travers les plaines. À l'arrivée des Britanniques, au dix-neuvième siècle, la peste bovine terrassa leurs bêtes pendant qu'eux-mêmes étaient décimés par la variole. Plutôt que de collaborer avec les nouveaux dirigeants, ils résistèrent à l'occupation, ce qui leur valut d'être déplacés dans le sud du Kenya et en Tanzanie.

La télévision montre de temps en temps leurs cérémonies d'initiation. Les Massaïs tiennent aux «rites de passage», dans une société où les enfants, les adultes et les vieux représentent les trois paliers de la stratification sociale. Les hommes se préoccupent de leur aspect extérieur autant que les femmes. Ils passent une partie de leurs loisirs à se faire beaux. On raconte qu'avec une sagaie, un Massaï est capable de tuer un lion. «Quand lion voit Massaï, disait l'un d'entre eux dans un reportage, lion prendre la fuite.»

Le train s'immobilisa dans une gare. «D'ici nous prenons un bus jusqu'à Han», dit une animatrice aux enfants qui présentaient déjà des signes de fatigue. Ils en avaient marre de rester passifs sur des banquettes. La visite commença par la vision d'une cassette vidéo expliquant le mode de vie de ces pasteurs. Leurs villages sont constitués de petits groupes de huttes en bouse de vache. Les bêtes constituent leur grande richesse.

— Allons voir les Massaïs, cria Jean-Paul, j'en vois un là-bas, dans la cour.

Un autre groupe de visiteurs entouraient un Massaï qui faisait la démonstration de sa capacité à allumer du feu avec deux bâtons. Plus loin, un autre faisait visiter une case qu'ils avaient reproduite et dans laquelle un lit dur provoquait l'étonnement des femmes blanches. Elles se demandaient comment on pouvait bien dormir dessus. «Et dire que moi j'ai des insomnies sur mon lit douillet!», s'exclama l'une d'entre elles.

Les quatre Massaïs étaient des hommes d'une trentaine d'années. Ils étaient habillés d'un pagne rouge noué à l'épaule et qui descendait le long d'un corps fin et élancé. Ils étaient parés de bijoux qui ne disaient rien aux visiteurs mais qui pouvaient permettre à un observateur averti d'identifier le Massaï et de le situer aussi bien dans sa lignée que dans la hiérarchisation sociale.

On va voir les Massaïs à Han ?

L'Africain expliquait aux nombreux visiteurs quelques coutumes de son pays dans un anglais approximatif que traduisait un Européen. Il expliqua que son peuple était encore près de la nature, loin de la télévision et des vrombissements des véhicules.

Les enfants écoutaient en silence, admiratifs devant ces braves Africains qui étaient capables de se contenter de si peu.

— Il est midi ! cria Jean-Paul, je suggère qu'on aille manger au restaurant.

— Tes parents devraient t'envoyer une semaine chez les Massaïs, lui dit Albert, tu y apprendrais à te passer de la nourriture pendant quelques heures.

— Envoyer Jean-Paul chez les Massaïs ! intervint Christelle, tu rigoles. Il mourrait après deux jours.

— Arrêtez de deviner à ma place, dit Jean-Paul. Vous voulez que je vous dise ? Oui, je serais mieux dans le village gaulois, vous êtes contents ?

— Oui, c'est vrai, et on te confondrait avec Obélix.

Jean-Paul jeta la cannette qu'il venait de vider dans la direction d'Albert.

«Je ne suis pas gros, moi, vous allez me foutre la paix, à la fin ?»

— Oh, écoutez-le, fit Albert qui se sauvait, il parle exactement comme Obélix... Tu sais : lui aussi n'est pas gros... mais il glisse un poulet entre deux tartines au petit déjeuner et bouffe des sangliers aux repas.

Jean-Paul courut dans la direction de son ami, sous l'œil indifférent de Masikini. Il les connaissait bien, ces deux-là. Il savait qu'ils allaient revenir réconciliés. De temps en temps, il les laissait donc dépenser de l'énergie.

Au restaurant, les animateurs commandèrent des spaghettis au jambon et à la crème. C'était beau de voir des enfants venus d'horizons différents, assis à la table et mangeant en toute convivialité. On était vraiment loin de l'école des devoirs perçue comme un endroit où les enfants ne vont que pour faire les devoirs !

Les enfants connaissaient donc un peu les Masaïs et ils avaient déjà entendu parler des Égyptiens ; il y avait donc lieu d'espérer que cette connaissance de l'Autre étoufferait le sentiment de rejet que l'on éprouve face à l'inconnu. Joséphine, la coordinatrice des écoles des devoirs en Brabant wallon s'y était d'ailleurs déjà pris avec un réel savoir-faire pédagogique le jour où elle était venue animer au Court Pouce un atelier sur les Égyptiens. Elle avait commencé par les situer dans l'espace puis dans le temps ; elle avait décrit leurs croyances et leurs symboles, elle avait montré les pyramides… Chaque enfant avait ensuite construit une pyramide en papier bristol ; il avait collé dessus des dessins représentant des divinités. La parole avait été donnée à chacun, pour vanter les qualités de sa pyramide et essayer de décrocher un contrat d'architecte auprès du pharaon. Il s'agissait là d'un atelier où on apprend à la fois l'histoire, la géographie, l'art et l'expression orale. Il n'y avait donc pas de raison de s'étonner de l'engouement avec lequel les enfants venaient au Court Pouce. Chacun voulait être le pharaon pour voir s'incliner devant soi ses condisciples.

À l'École de Devoirs de Wavre, Anne et son équipe ne manquaient pas d'idées, eux non plus. Ils proposèrent que les deux groupes aillent un jour voir les jeux du cirque à Bruxelles. Le fait de s'associer diminuait sensiblement les frais. Les deux écoles se retrouveraient par la suite et les enfants reproduiraient les numéros retenus devant un public constitué par leurs parents. Cette collaboration constituait un lien entre deux communes, ce qu'il fallait justement pour former les enfants à la citoyenneté.

Dans le train qui les ramenait de Han, les enfants, fatigués d'avoir trop couru, somnolaient sur les banquettes. Masikini regardait par la fenêtre, il admirait les champs qui s'alignaient les uns à côté des autres, alternant la culture des céréales et celle des betteraves sucrières. Il voyait les villages dans lesquels des églises désertées pointaient leurs clochers vers le ciel ; il voyait des vaches qui paissaient paisiblement, indifférentes au bruit du train qui roulait à plus de cent à l'heure sur la voie ferrée.

Un voyageur vint s'asseoir en face de lui. «Bonjour !», dit Masikini... Le voyageur fit un sourire qui exposait des dents jaunies par la cigarette avant de répondre dans la langue maternelle de Masikini : «Jambo» !

— Vous êtes un ancien du Congo ?

— Je suis né au Congo, monsieur, une partie de mon cœur est restée là-bas.

— Ça fait longtemps que vous êtes revenu du Congo ?

— Je fais partie de ceux qui sont revenus contre leur gré, monsieur. J'ai tout perdu : j'avais une plantation de cinquante hectares, quatre cents travailleurs, des vaches... ils m'ont tout pillé...

— Vous en voulez aux Africains ?

— Avant, oui... plus maintenant. Avec un peu de recul, je réalise qu'en me pillant, mes travailleurs n'ont fait que reprendre un peu de ce que je leur devais. Quatre cents travailleurs ! je leur donnais un salaire de misère...

— Vous n'êtes pas nombreux à faire cette prise de conscience, que je sache ?

— Chacun son expérience, mais moi je peux affirmer que je n'aurais pas eu deux maisons si je n'avais pas été en Afrique.

Le train fit escale dans une gare, l'ancien du Congo souhaita bon vent aux voyageurs avant de descendre. Alexandre vint s'asseoir à côté de Masikini.

— Que penses-tu de la Coupe du monde, monsieur ? lui demanda-t-il.

— Le meilleur l'emportera.

— Et c'est qui le meilleur pour toi, monsieur ?

— Je ne sais pas, on parle de la France, toujours aussi gonflée mais quand je vois la leçon de modestie que vient de lui donner la petite Belgique, je me dis : wait and see.

À la gare d'Ottignies, les enfants de Court-Saint-Étienne et ceux de Wavre se promirent de se revoir. Masikini avait d'ailleurs accepté l'invitation d'Anne qui lui avait demandé d'animer une séance de formation pour ses animateurs.

Les deux Écoles de Devoirs se retrouveront plus tard au musée de Tervueren et au cirque, à la grande satisfaction des enfants.

De la visite du musée de Tervueren, Christelle n'avait retenu qu'une chose : la tombe profanée d'un chef africain, exposée là au voyeurisme des visiteurs.

— Dis-moi, monsieur, qu'arriverait-il si des gens d'ailleurs venaient prendre le corps de Baudouin pour aller l'exposer chez eux ?

Masikini ne réagit pas : il y a de ces questions auxquelles il vaut mieux ne pas répondre, elles ont le mérite d'être posées, tout simplement. Une fois à la maison, il eut tort de s'installer devant son ordinateur pour lire des messages tombés sur son mail. Il apprit la terrible nouvelle du suicide d'un jeune rescapé du génocide rwandais, un orphelin qui n'avait pas pu accepter la perte de son père.

Philippe était un jeune métis, de père rwandais et de mère russe. Il avait frappé à la porte de la Belgique et les Européens l'avaient accueilli. Sept ans s'étaient écoulés, Philippe n'avait pu oublier le jour où d'autres avaient frappé à sa porte :

… *Il devait être six heures,* avait-il écrit, *la nuit tombait et mon père était occupé à barricader ma chambre. Maintenant que j'y pense… il devait savoir que c'était inutile puisque ce n'est pas avec une armoire devant la fenêtre qu'on arrête une grenade… peut-être voulait-il me sécuriser? Vers 20 heures… j'ai senti mon cœur battre à une vitesse impressionnante. Des gens criaient derrière la porte métallique qui protège notre maison et notre jardin. Mon père se tenait devant la porte de la maison et il leur demandait ce qu'ils voulaient. Ce qu'ils voulaient ?… entrer chez nous… et ils étaient prêts à détruire la porte métallique avec une grenade… C'est alors que tout s'est accéléré… J'avais les yeux fermés, j'étais recro-*

quevillé sur moi-même et j'entendais les vitres de la fenêtre de notre salon qui se brisaient une par une… Je savais qu'ils étaient là, tout près. Aucun son ne pouvait sortir de ma bouche, je voyais cet homme devant moi, habillé de noir bleuté avec une machette à la main…

En lisant ces notes retrouvées dans la chambre du suicidé, Masikini eut envie de sortir et d'aller à l'encontre des Européens pour répondre à ces questions qu'ils se posent quand ils voient passer un étranger : D'où vient-il ? Que fait-il ? Pourquoi est-il parti de son pays ?

Les gens partent de chez eux parce que la chute du Mur de Berlin a changé les rapports de forces dans le monde : les régimes dictatoriaux de l'Afrique et d'ailleurs ne sont plus utiles. L'enfantement de la démocratie ne peut pas se faire sans douleur. Les gens partent parce qu'il y a dans le monde un clivage entre riches et pauvres, parce qu'il faut bien vendre les armes qui sont fabriquées. Parce qu'au nom de la lutte contre le terrorisme, il arrive à certains d'avoir des réactions disproportionnées par rapport aux causes.

L'assassinat d'un président déclenche un génocide au Rwanda. La mort de Mobutu a attiré sur le sol congolais des prédateurs soutenus par des vendeurs d'armes. De Yougoslavie, du Moyen-Orient ou d'Afghanistan, elles se ressemblent toutes, ces marées humaines qui déferlent sur le chemin de l'exil. Chemin sur lequel elles viennent grossir les rangs des victimes de la traite des êtres humains. Ils ont tous le même regard interrogateur, cet air de dire : «Pourquoi ?»

Un certain 27 avril, au Rwanda, après que ceux qui avaient frappé à sa porte soient partis, Philippe avait ce regard absent qui voit au-delà de l'horizon. Ce regard qui rappelle cette phrase d'un sage : «Il y a des choses qu'on ne peut voir qu'avec des yeux qui ont pleuré». Il ne voyait plus les choses de la même façon, il avait des questions à poser aux hommes ainsi qu'à Celui qui les a créés, il avait noté ces questions apparemment simples mais sans réponse :

Mes yeux pas bleus brillent dans le noir, seulement, quelques fois, ils voient rouge et je me demande si toi, Dieu, tu es près de moi…
Je lève mes yeux vers le ciel pour louer l'Éternel…
Miséricorde pour tous ces félins qui ne laissent derrière eux que veuves et orphelins… Toi qui es partout et qui vois tout, ne vois-tu pas qu'on a besoin de toi ici-bas ?
Soigne les chagrins et les peines, soulage ceux qui ont faim…
Je sais comme toi que la beauté et l'amour ne vont pas sans la laideur et la haine, mais équilibre un peu tout cela… ton monde est sans foi ni loi.
La terre n'est pas mon chez moi, je veux ma place au royaume des cieux, près de mon père… et toi, pourquoi m'as-tu tout donné et tout repris ?

Philippe et sa maman avaient pris le chemin de l'exil, avec l'espoir d'oublier et de pouvoir « vivre ». Ils savaient qu'ils étaient parmi les privilégiés qui arrivent jusqu'en Europe. D'autres n'ont pas eu leur chance : ils sont morts, asphyxiés dans un conteneur s'ils n'ont pas été engloutis par les vagues d'une mer qu'ils n'auraient pas dû défier.

Chacun devrait contribuer à sécher les larmes de ceux qui n'arrivent pas à oublier, chacun devrait imiter Philippe qui, dans un poème, a écrit :

J'écris en pensant à ceux qui pleurent des larmes rouges, ceux qui au travers de la guerre ont perdu leurs proches et ont dans le cœur quelque chose qui s'est à jamais éteint…
La haine attise la haine et cette haine qu'on essaie de camoufler persiste…
L'horreur à l'état pur nous rend soi-disant plus forts mais l'image de la terreur et la frayeur que j'ai lue dans les yeux de mon père ont provoqué chez moi une faiblesse que j'essaie de transformer en arme.
Le bruit de la gâchette a été pour moi comme une cloche qui sonne la dernière heure… Toi là-haut, tu sais que tu me manques et tu sais aussi que ton nom restera à jamais gravé dans mon cœur…
Quand je regarde le ciel et que je vois la nuit tomber, je me dis que quelque part tu veilles encore sur moi…

Masikini avait les larmes au yeux, il leva la tête et vit un poème collé au mur par Marc, son fils cadet :

Papa
5 ans :
Mon papa est mon meilleur ami.
10 ans :
Papa ne sait pas toujours m'aider.
15 ans :
Il est toujours mon ami, mais pourquoi
sait-il toujours tout mieux ?
20 ans :
Mon père vit dans l'ancien temps.
25 ans :
Et pourtant les idées de mon père ne sont pas si bêtes.
35 ans :
Quand je consulte mon père,
je ne perds jamais mon temps.
50 ans :
Ce vieux Monsieur-là est un vrai PÈRE.
(Marc et ses copains sous la direction de Virginie Miguel)

N'ayant plus personne à qui offrir un poème le jour de la Fête des pères, Philippe est donc allé rejoindre son papa dans l'au-delà. Cet homme à qui il avait écrit : … *la chose que je regrette le plus, c'est de ne t'avoir pas dit à quel point je t'aimais, mais je sais qu'avant de partir loin de moi tu l'as compris… Le jour où, à mon tour, la mort viendra m'accoster, je serai à nouveau à tes côtés… Les larmes et la tristesse ne coulent pas des yeux mais du cœur…* Philippe était parti, Masikini eut une pensée pour sa maman qui, elle, était vraiment seule désormais.

Comme s'il savait que les gens se poseraient des questions sur son geste, Philippe avait répondu à la question de savoir si, quelque part, il n'était pas fou : *On a chacun en nous une part de folie, et c'est pour cela que je me refuse à juger (…) les «génocidaires»… Qui peut dire si à leur place, dans leur situation et dans leur environnement, nous n'aurions pas agi dans le même sens ?*

Masikini se gardait lui aussi de juger mais il se posait tout de même la question de savoir pourquoi Philippe n'avait pas été attentif à tous ces Européens de bonne volonté qui tendent la main à ceux qui sont égarés ? Peut-être parce qu'on ne parle pas assez de ces nageurs à contre-courant ? Ils sont pourtant des milliers, ceux qui se battent contre l'oppression. On les voit lors des manifestations contre les expulsions, on les voit dénoncer la politique d'exclusion, on les voit aussi au coin de la rue, prêts à rendre service, à donner un renseignement. Masikini se souvint du jour où Jean, son voisin dans le village, lui avait dit : «J'ai deux voitures, si tu as des courses à faire, n'hésite pas, nos véhicules sont assurés». Un autre jour, c'était Pierre qui lui avait dit : «Si tu as besoin de quelque chose, n'hésite pas». Quand il racontait ses aventures à ses compatriotes, ces derniers lui demandaient : «Pourquoi n'y a-t-il qu'à toi qu'on fait des propositions pareilles ?» Ce à quoi Masikini répondait : «J'ai un secret : je ne suis jamais allé chercher la voiture de Jean, je n'ai jamais fait appel à Pierre. Savoir qu'ils étaient là, au cas où... c'était déjà réconfortant».

Les premiers contacts avec les Européens ne sont pas faciles, Masikini l'avouait aussi ; mais il suffit de faire ses preuves et ils reconnaissent vos mérites. La preuve ? Les lettres de ceux qui, après avoir été voir son spectacle, lui disent de continuer. Mieux que les lettres ? Cette chanson composée pour lui par un admirateur :

Et pourtant tu ris encore
En nous racontant ta vie
Toi qui découvres l'aurore
Après tant d'années de nuit
Tu as vécu la souffrance
Des exilés, des bannis
Des condamnés à l'errance
Sans famille, sans abri

Masikini, voix des sans voix
Tu nous réveilles avec fracas
Masikini, toi l'émigrant
Que craignons-nous en t'accueillant ?
Tu te croyais notre frère
Tu savais pas que chez nous
Mieux vaut s'appeler Jean-Pierre
Que Semira ou Fatou,

Tu as découvert l'attente,

La méfiance, l'absurdité
La solitude angoissante
D'un candidat-réfugié
Tu as su plaider ta cause
Tu as fait valoir tes droits
Et la porte souvent close
S'est entrouverte pour toi

En retrouvant ta famille
Ton statut, ta dignité
Tu renaissais à la vie
Tu retrouvais la clarté
Aujourd'hui tu nous régales
De ton humour acéré
Tu nous confrontes à nos failles
Nos racistes préjugés
Tu fais rire puis tu lances
Tes petites vérités
Et tu secoues nos consciences
Sans jamais te lamenter.
(L. Vanwelde)

À chaque jour suffit sa peine, Masikini s'engouffra dans son lit… il fallait bien qu'il se remette des émotions de la journée.

VII

Du sang noir dans les veines d'un Blanc

Un mercredi comme les autres, les enfants étaient au rendez-vous comme de coutume. Haletant, front renfrogné, Albert vint trouver Masikini :

— Monsieur, tu ne vas pas nous quitter, hein ? Tu restes avec nous en Belgique, n'est-ce pas ?

— De quoi parles-tu ?

— Hier à la télévision, monsieur, dans « L'Instit »...

— Quoi, dans L'Instit ?

— Ah oui, intervint Jean-Paul, moi aussi j'ai vu... c'est dégueulasse, ce qu'ils font en France...

— C'est bon, entrez dans la salle, installez-vous, nous allons parler tranquillement de tout cela.

— Alors... qui prend la parole ? Albert, tu vas nous expliquer ?

Albert se racla la gorge :

«C'était hier soir, monsieur, sur une chaîne de télévision française... dans «L'Instit»... ils ont parlé d'une petite fille chinoise, une élève, monsieur...

ses parents n'avaient pas de papiers pour habiter la France… les policiers sont allés à l'école… ils ont arrêté la petite fille, pour l'expulser… ils ne peuvent pas… hein, monsieur ? N'est-ce pas que les enfants ont des droits ?…»

Les autres enfants s'en mêlèrent, chacun compléta un bout de l'histoire. Ils étaient tous contre l'expulsion. Pendant que Masikini se demandait comment réagir, Marcos prit la parole :

— Mes parents ont vu l'émission, ils étaient d'accord que la fillette soit expulsée : ses parents n'étaient pas en séjour légal en France…

— C'est pas gentil, lui dit Jean-Paul, tes parents sont racistes… tu oublies que la famille de la petite Chinoise était venue en France pour sauver leur deuxième enfant ? En Chine, c'est pas encore permis d'avoir plus d'un enfant, tu sais.

Masikini se souvint qu'il avait un petit film sur l'immigration, réalisé par des étudiants en audiovisuel. Le moment était propice pour le visionner.

— Nous allons voir une vidéo, dit-il aux enfants ; installez-vous devant l'écran.

Encore émotionnés par ce qu'ils avaient vu la veille, les enfants s'installèrent sagement devant l'écran. Le film était d'un tel réalisme qu'on avait l'impression de faire partie du décor et de vivre au présent l'aventure avec les personnages. Quelqu'un voulut dire quelque chose, « Chuuut !» lui firent ses copains, attentifs aux commentaires introductifs du film :

«Un vent léger souffle sur des maisons trempées par la pluie, le ciel est gris, l'air glacial. Une foule déferle dans la rue avec des banderoles sur lesquelles on peut lire : «Halte à l'invasion !»... Devant leur poste de télévision, monsieur et madame Vanlepen s'interrogent :

L'homme : «Encore une usine qui ferme ?» La femme : «Non, c'est une manif contre le projet d'ouverture d'une maison d'accueil des étrangers chez nous.» L'Homme : «Pourquoi ne restent-ils pas chez eux ? L'Europe ne peut tout de même pas se charger de toute la misère du monde !»

Madame, interrompant son mari : «Qu'est-ce que c'est que cet animal à la télé ?»

Le mari : «C'est un marsupilami».

Madame : «Un marsupiquoi ?»

Le mari : «Un marsupilami, tu ne connais pas cet animal ? ... tais-toi alors, le reporter est justement en train de le présenter.»

Natacha, leur fille de 16 ans, les interpelle : «La table est prête, venez manger.»

Madame : «Attends, ma fille, on arrive... on suit d'abord le reportage sur le marsupilami.» (Madame éclate de rire, tape des mains devant la scène où le marsupilami en fait voir au guépard...)

Madame (commentant les images) : «Très bien, montre-lui de quel bois tu te chauffes, bravo !»

S'adressant à son mari : «Tu sais ... ? J'aimerais que ce marsu machin aille une fois se promener en Afrique, il en ferait voir aux lions et aux léopards qui maltraitent tant les herbivores.»

Monsieur : «Tu le connais mal, il semble qu'en dehors de son milieu il ne fait que des bêtises.»

Madame : «La forêt reste la forêt ! en Afrique ou en Amérique !»

La table est dressée pour quatre personnes, monsieur et madame s'installent, leur fille vient les rejoindre.

Voyant que la place de son fils est vide, l'homme demande à Natacha : «Où est Patrick ?»

Natacha : «À une autre manif, papa…» L'homme : «Une autre manif ?» Natacha : «Oui, tout le monde exprime sa colère aujourd'hui ; c'est la démocratie.»

La femme : «Ton fils se bat contre les expulsions des étrangers.»

L'homme : «Nos voisins se battent pour une cause et Patrick se met dans le camp adverse… Il va nous mettre à dos tout le monde, vous vous rendez compte ?»

Natacha : «Patrick est assez grand pour savoir ce qu'il fait, vous devriez essayer de le comprendre…»

On sonne à la porte, le fils entre, un bandeau noué à la tête… un air de triomphe…

Patrick : «Bonjour, tout le monde !»

Natacha : «Bonjour, grand frère, et alors ?»

Patrick : «Tu aurais dû être là, Natacha, c'était formidable… les policiers n'ont pas réussi à nous disperser…»

«Oh !» s'écrie le papa, « tu te calmes, tu manges et on s'explique après, c'est bon ? »

Patrick : «Je n'ai pas faim, papa ; je me demande d'ailleurs comment vous pouvez vous empiffrer (la table est garnie à faire honte…) alors qu'il y a dans le monde tant d'enfants qui meurent de faim ?»

L'homme : «Pour manger, il faut travailler, c'est simple.»

Patrick : «Et tu penses que les autres meurent de faim parce qu'ils ne travaillent pas ?»

La fille intervient pour soutenir son frère : «Quand je vois les images de Russie, de l'Afrique et de l'Asie, je me pose la question de savoir pourquoi le travail n'est pas rentable chez eux comme il l'est chez nous.»

Patrick : «Parce qu'une minorité de gens sur cette planète s'accapare de la quasi totalité des richesses de la terre ; cela devrait changer.»

Pendant qu'ils sont à table, la télévision annonce une nouvelle terrifiante : «Deux jeunes Africains sont morts gelés dans le train d'atterrissage d'un avion, ils essayaient d'atteindre l'Europe dans le but de poursuivre leurs études…»

Le père : «Ça fait toujours deux de moins».

Natacha (révoltée) : «Comment peux-tu dire une chose pareille ? Je ne suis plus fière d'être ta fille !»

Le ton monte.

Le papa : «C'est pour vous que nous nous battons, les étrangers viennent rajouter à nos problèmes. Ils viennent profiter de notre sécurité sociale…»

Patrick, écœuré, se lève : «Je m'en vais, nous devons empêcher l'expulsion d'une jeune femme…»

Natacha : «Attends-moi, grand frère, je viens avec toi…»

Les parents : « Quoi ? Tu vas t'y mettre, toi aussi ? »

Natacha : «Eh oui, je veux me rendre compte des vrais enjeux du combat que mène mon frère en cette époque de mondialisation.»

L'homme, s'adressant à sa femme : «Ces deux-là ne sont plus mes enfants !»

Maman : «Arrête tes conneries, qui sait si c'en est pas eux qui ont raison ?»

Papa : «Quoi ? Ne me dis pas que c'est toi qui as endoctriné mes gosses ?»

Maman : «Tes gosses ne sont plus des gosses, il faut te rendre à l'évidence, mon chou.»

Natacha et son frère empruntent un bus et rejoignent d'autres manifestants aux environs de l'aéroport…

Patrick à sa sœur : «Tu vois ces bâtiments entourés de barbelés ? Des gens sont enfermées là-dedans, ils attendent d'être expulsés.»

Natacha : «Il y a des enfants parmi eux ?»

Patrick : «Bien sûr, c'est contre ça que nous nous battons.»

(Manifestation : des jeunes excités essaient de couper les barbelés… on peut lire sur des banderoles : «fermez les centres fermés… halte aux expulsions… mondialisation… la terre appartient à tout le monde…»)

Les gendarmes chargent… avec des chevaux, des autopompes…

Dans le désordre, quelques personnes, parmi ceux qui étaient enfermés, s'échappent... Natacha et Patrick emmènent avec eux une fille africaine, du même âge que Patrick, belle, avec des tresses à la rasta. Elle s'appelle «Kabibi».

Natacha à son frère : «Nous l'emmenons où ?»

Patrick : «Chez nous, nous la cacherons dans notre cave, le temps de lui trouver un bon avocat...»

Natacha : «Quelle idée ! Avec cette manif contre les étrangers dans notre quartier ?»

Patrick : «Nous sommes dans un pays démocratique, nous avons le droit d'accueillir chez nous qui nous voulons.»

Natacha : «Même contre le gré de nos parents ?»

Patrick : «Ah ! Ces deux-là, ils vivent au passé... nous attendrons qu'ils se soient endormis...»

Ils s'arrêtent dans un bistrot où les gens grisés par la boisson n'ont plus de retenue :

— Les étrangers devraient tous rentrer chez eux.

— Et tu penses que l'Europe s'en porterait mieux ?

— Il y aurait du travail pour tous.

— Et les Européens qui sont ailleurs, ils devraient tous revenir ?

— C'est vrai qu'il y en a en Afrique du sud... aux États-Unis...

— Oui... nous sommes allés en Afrique avant que les Africains ne viennent chez nous...

Natacha à son frère : Ne vaudrait-il pas mieux partir ?»

Patrick : “Tu as raison, Kabibi en a assez entendu. »

Ils se lèvent en passant devant une table, une prostituée mettant en exergue sa poitrine gonflée de silicone dit : «Remarquez que les filles étrangères nous font une concurrence déloyale… nous ne pouvons plus travailler comme avant.»

Kabibi : « Tu pourrais trouver mieux. »

Patrick : « Avant que tes ballons ne pètent. » (Rires généralisés, la prostituée est boudeuse et ridicule).

Arrivés chez eux, Natacha entre la première. Elle voit les parents devant la télé.

Natacha : «Toujours en train de regarder votre marsutrucmachin, maman… à quelle heure nous mangeons aujourd'hui ?»

Sa maman : « Le repas est déjà préparé, il ne reste qu'à le réchauffer… mais viens voir ce que fait le marsupilami… il est formidable cet animal. »

Natacha : «C'est bon, Patrick arrive, c'est l'heure du souper. Ton marsupilami peut bien attendre.»

Natacha ouvre la porte de derrière et siffle pour prévenir Patrick, celui-ci se faufile le long de la haie, tenant l'étrangère par la main. Pendant que Natacha l'installe et ferme la porte, Patrick sort puis rentre par la porte de devant. Patrick à ses parents : «Salut tout le monde !»

Les parents ne répondent pas. L'atmosphère à table est quelque peu tendue… Patrick et sa sœur craignent que leurs parents ne découvrent le pot aux roses… d'ailleurs ils sont soupçonneux.

La femme, à son mari : «Il manque du vin, tu veux bien aller en chercher dans la cave ?»

Patrick sursaute : «Ne bougez pas, j'y vais…» Natacha : « Oui, c'est ça, ne vous dérangez pas, Patrick y va…» L'homme et la femme se regardent, ils sont intrigués par le dévouement soudain de leur fils.

Patrick dérobe au passage de la nourriture pour l'Africaine qui se tapit dans un coin, lorsqu'elle l'entend ouvrir… «N'aie pas peur, c'est moi», lui lance Patrick. «Tout va très bien, ne t'inquiète pas, je t'apporte de la nourriture… nous viendrons te rechercher quand les parents se seront endormis.»

Patrick prend une bouteille de vin et s'en va après avoir donné une petite tape sur l'épaule de l'étrangère pour lui remonter le moral.

Patrick, à son père : «Je te sers ?» Son père : «Tu es bien convivial aujourd'hui, c'est la manif qui t'a transformé ?»

Natacha : «Après toutes les misères que nous avons vues, nous avons pris conscience de la chance que nous avons de vous avoir comme parents.» Patrick : «Laissez-nous donc vous servir, pour une fois que nous en avons envie.»

(Les parents se regardent, ils sont de plus en plus intrigués.)

Patrick se met à servir son père et celui-ci s'exclame :

«C'est du vin rouge ! J'aurais bien voulu du vin blanc, moi.»

Natacha : «C'est pas grave, je vais vous chercher du vin blanc.»

Le papa : «Tu restes où tu es, Natacha, j'y vais moi-même.»

Patrick et sa sœur se regardent... Ils n'ont pas d'autre choix !

Dans la cave, Kabibi entend un bruit, elle sursaute et puis voit passer une souris...

«Et moi qui pensais qu'il n'y en avait que chez nous.» Elle ne se méfie donc pas lorsque la porte s'ouvre. Elle prend peur lorsqu'elle voit entrer le père de Patrick. Ce dernier prend peur lui aussi, il s'écrie : «Au voleur !»

Patrick et Natacha accourent : «Il n'y a pas de voleur ici, c'est une amie à nous ; elle s'appelle Kabibi.»

Natacha à Kabibi : « Kabibi, je te présente papa. »

Patrick : « Il est très gentil... »

Le papa : «Vous allez me dire ce qu'elle fait ici, la Kabibi ?»

Ils ressortent tous. La maman de Patrick réagit selon son instinct maternel... elle ajoute des couverts et installe la fille en murmurant entre ses dents : «Quelle idée de cacher votre amie pendant que nous mangeons... La honte !»

Le papa, l'air soupçonneux : « Vous allez m'expliquer... »

La maman : « Après le repas, tu veux bien ? »

(Ils mangent en silence, l'atmosphère est lourde.)

Patrick : «Voilà, je vous présente Kabibi, elle a quitté son pays à cause de la guerre… elle est demandeuse d'asile… c'est pas facile pour elle…»

Le papa : «Que faisait-elle dans notre cave ? C'est ça que je veux savoir.»

Natacha : «Nous avons eu tort de la cacher mais nous espérions que vous finiriez par comprendre.»

Le papa : «Elle restera ici combien de temps ? Je peux savoir ?»

Kabibi : «Ne vous en faites pas, monsieur, j'en ai assez de l'exclusion en Europe. Je retournerai en Afrique si l'avocat me dit que je n'ai aucune chance d'être acceptée… à moins que je décide d'aller au Canada…»

La maman : «Comment ferez-vous pour atteindre le Canada ?»

Patrick : «Je veux l'aider, maman, pour qu'elle puisse retourner en Afrique ou aller de l'autre côté de l'Atlantique, je l'accompagnerai.»

La maman : «Il faudra des papiers en règle pour cela… ?»

Natacha : «Petit problème, nos amis s'en chargent… et maintenant si cela ne vous dérange pas, je vais lui montrer ma chambre.»

(Les jeunes quittent la table. Les parents sont seuls devant la télé.)

Le papa : «Quels risques il prend, ton petit !»

La maman : «Tu le connais, il a le goût des risques. Tu te rappelles sa chanson préférée, *Nous sommes tous des citoyens du monde* ?»

Le papa : «J'ai sommeil, tu veux bien éteindre la télévision ?» (Monsieur et Madame vont dormir. Dans la chambre de Natacha, les deux filles sont allongées l'une sur le lit, l'autre sur un matelas par terre. Elles bavardent.)

Natacha : «Tu tiens à voyager un de ces quatre matins ?»

Kabibi : «Si Patrick n'y voit pas d'inconvénient.»

(La nuit. Tout le monde dort. Vers deux heures du matin, la maman de Patrick vient frapper à la porte de ce dernier…)

La maman : «Viens vite, Patrick, ton papa est malade.»

(Ils se suivent, observent le malade et décident d'appeler une ambulance… Ils accompagnent le malade… attendent dans la salle d'attente…)

Le médecin : « Ce n'est pas très grave, mais nous devons lui donner du sang. Y a-t-il un donneur parmi vous ? »

(Patrick et sa mère se regardent)

La mère de Patrick : « Vous n'avez pas du sang dans votre banque ? »

Le médecin : « Pas du groupe de votre mari, madame ; le O négatif n'est pas facile à trouver. »

(Patrick téléphone à sa sœur qui, elle, était restée à la maison en compagnie de Kabibi)

Kabibi : « C'est quoi ? Il vous faut un donneur ? »

Natacha : « Un O négatif… pas facile à trouver… »

Kabibi : « Je suis un O négatif moi, allons-y ! »

(Elles sortent, prennent un taxi et se rendent à l'hôpital, Kabibi donne du sang…)

Le médecin au malade : « Vous êtes sauvé, monsieur, vous aurez du sang frais… pas de risque de la maladie de la vache folle… »

(Madame et les enfants rentrent à la maison)

(À l'hôpital, dans sa chambre, le jour suivant, le papa de Patrick est sur pied !)

Son voisin de chambre : «Vous ne trouvez pas qu'il y a trop d'étrangers chez nous ?»

Le père de Patrick, en colère, l'air menaçant : «Encore un mot contre les étrangers et je vous arrache ce baxter. Nous sommes tous des citoyens du monde, c'est clair ?»

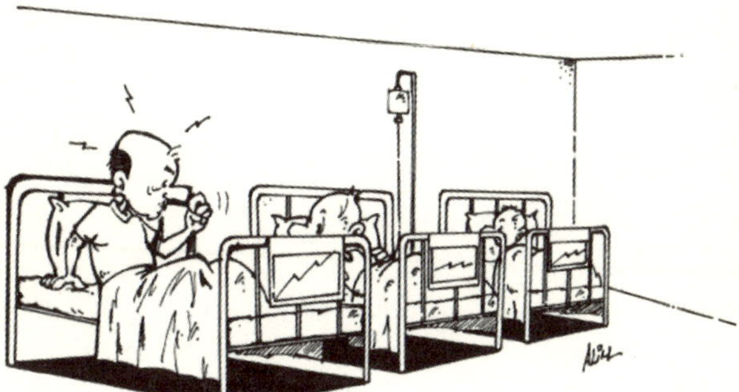

… Un mot contre les étrangers et
je vous arrache ce baxter

Il va prendre l'air dehors, son voisin de chambre s'adresse à un autre voisin de chambre en chuchotant :

«Il a été piqué par une mouche ?» L'autre, chuchotant : « Chuuut… du sang noir coule dans ses veines !»

Le film se termine sur une scène où monsieur Vanlepen et ses voisins de chambre regardent la coupe du monde : il a endossé le maillot de l'équipe du Sénégal !

Les enfants étaient contents de la manière dont le petit film se terminait. Ils proposèrent à Masikini de faire ce qu'ils avaient toujours fait : rejouer le film sous forme d'une pièce de théâtre. Les rôles furent distribués ; l'animateur, aidé par les stagiaires, organisa des répétitions. Claude proposa que la pièce soit jouée à Wavre devant les parents.

VIII

Une lettre

Monsieur Masikini,

Je suis la maman de Mikaël, si je ne suis pas là aujourd'hui avec lui, c'est parce que je n'ai plus le courage ou la force de me battre. J'estime qu'il y a d'autres choses à faire dans la vie que de passer ses journées à penser aux résultats scolaires médiocres de son fils.

Mikaël est dyslexique, nous avons déployé beaucoup d'efforts pour l'aider mais nous avons eu la malchance de tomber sur des spécialistes qui nous ont fait plutôt mal. La pédopsychiatre et la personne chargée de la psychomotricité travaillaient toutes les deux dans un même institut pour handicapés mentaux. Nous avons compris, quatre ans plus tard, que les problèmes de notre fils les arrangeaient : chaque établissement reçoit des subsides en fonction du nombre d'enfants qui le fréquentent. La logopède ne valait pas mieux non plus : non seulement nous n'avions jamais reçu un document d'évaluation de sa part mais personne ne nous avait jamais dit non plus que Mikaël était dyslexique profond, avec des problèmes de gestion de l'espace et de concentration.

Grâce à ma maman, nous avons eu une nouvelle adresse et consulté un autre spécialiste. Nous avons travaillé à la «restructuration» de Mikaël. Un suivi maximum a été fait car sa logopède était très consciencieuse. Les résultats scolaires se sont améliorés ; Mikaël n'a d'ailleurs jamais doublé de classe. Nous avons donc toujours été derrière lui pour le stimuler et non pour faire le travail à sa place.

Mais par les temps qui courent, pour avoir une situation convenable et pouvoir vivre une vie professionnelle agréable, il faut étudier et poursuivre une scolarité normale. Que veut dire normale ? Travailler volontairement. Mikaël l'a toujours fait, mais il croit qu'avec un peu d'étude seulement, il va s'en sortir. Il a toujours environ 60 %, il croit qu'il connaît la matière et quand on l'interroge, il ne sait pas toujours dire ce qu'il sait.

Maintenant, il est en seconde humanités et il devrait s'assumer mais il croit qu'en n'étudiant qu'un peu, en ne faisant que ce qui est demandé au journal de classe, cela suffit. Nous devons donc insister pour qu'il revoie sa matière. Certaines branches sont particulièrement ardues. Il n'est pas capable de s'assumer et il ne s'en rend même pas compte !

La vie à la maison est pénible : moi je lui laisse du temps pour jouer, mais son papa estime qu'on ne joue pas tant qu'on n'a pas assimilé sa matière. Il n'a pas tort… Mikaël devrait se concentrer sur ses études… mais au lieu de cela, il n'a qu'une envie : jouer avec ses copains. Je ne sais plus ce qu'il faut faire, qui a raison, qui a tort ? Je suis le tampon entre mon fils et son papa, cela fait six ans que je lutte ! J'aimerais avoir une vie agréable à la maison, j'ai été opérée d'un cancer et psychologiquement je suis ébranlée, je pleure souvent. Il y a un an, je n'ai plus pu m'occuper de Mikaël, et cette année, je voudrais qu'il comprenne qu'il n'y a pas que le jeu. Mais il nous cache ses mauvais points, sous l'abri du jardin, sous les meubles, puis ses professeurs lui donnent des punitions. Nous serons informés des semaines plus tard, par une note disciplinaire au journal de classe.

Mikaël est loin de se rendre compte qu'il est sur un chemin glissant, il nous perçoit comme des tyrans alors que nous voulons son bien. Il n'étudie pas ; quand nous lui demandons de fournir des efforts, il obtient 4/10… Mais quand il le veut et qu'il se met au travail, il est capable d'obtenir 9/10.

En français, il connaît toutes les règles mais ne les applique pas ! Conséquence : 10/40 au bulletin.

Je ne parle que des études, me direz-vous ; mais il n'y a plus rien d'autre. Nous n'avons plus de vie familiale. Mikaël est beaucoup avec ses copains ; avant c'était à la maison, maintenant c'est autour de la maison. Il fait du skateboard, du vélo… Il a 13 ans, nous mettons des limites mais il a toujours eu des difficultés à les respecter. C'est l'engrenage, tout tourne autour des études, on ne parle que de cela.

Mikaël aimerait bricoler, faire une «caisse à savons» comme il dit, c'est-à-dire, une automobile. Pour moi, il rêve, mais si on n'a pas de rêves... Il va donc ramener des tas de «brols» à la maison et nous n'avons pas une grande maison. Son papa n'est pas bricoleur, il n'a presque pas d'outils ; lorsqu'il faut mettre une vis, il le fait, mais il faut aller chercher la foreuse chez ses parents. Mon époux et moi-même nous nous aimons depuis 28 ans, éperdument. Nous aimons notre fils très fort. Nous aimerions être heureux. Je deviens dépressive. Je n'ai plus envie de lutter, de me trouver tout le temps entre mon fils et mon mari, je voudrais qu'on ait une vie normale à la maison. Tant pis si Mikaël ne travaille pas bien (c'est ma réaction) mais pour son papa : que fera-t-il plus tard s'il n'a pas un métier ? Sans argent, on n'est rien !

Merci de m'avoir lue.

Françoise.

N.B. Je pense que les réactions que nous avons, mon époux (son papa) et moi, sont la conséquence des problèmes de notre fils. S'il n'y avait pas eu bégaiement à 5 ans (son papa bégayait enfant), dyslexie et tous les problèmes scolaires qui en découlent, nous n'aurions pas adopté cette attitude de le forcer à travailler plus et de prendre «le jeu» en horreur. Ce dernier mot est fort, mais la situation est très triste pour nous tous.

Ce mercredi, il est rentré à 10 h 30 de l'école et il vient chez vous pour 15 h. Il n'a rien préparé pour demain ! Jeudi c'est pourtant une journée très chargée : 2 h de néerlandais en fin de journée ! Il est 13h et il demande l'autorisation d'aller faire du skateboard près de chez nous… je lui rappelle que son néerlandais laisse à désirer (8/20), que sa mamy vient le chercher vers 13 h 30… Ça ne lui plaît pas d'étudier, il dit qu'il connaît !!! Pour moi, il est fainéant. Il a donc pris son skateboard et il est parti. Il a pris une décision qui ne me convient pas !

Parfois, nous bondissons hors de nos gonds. Parfois, comme cette fois-ci, nous lui disons : «Tu as pris ta décision»…

Réponse à Françoise, la maman de Mikaël.

Madame,

Je vous remercie pour la confiance que vous me témoignez en m'écrivant comme vous l'avez fait.

Vous avez raison : certains spécialistes, pour des raisons que vous évoquez, préfèrent étiqueter les enfants afin d'atteindre le quota imposé pour la survie de leurs institutions. Il faut de la vigilance dans tout cela.

Il y a quelques semaines, je me suis présenté chez un médecin du travail qui a tout de suite inversé les rôles quand il s'est rendu compte que je m'occupe des enfants. Il m'a parlé de son fils, du même âge que le vôtre, champion lui aussi de la loi du moindre effort. Le papa se souciait, autant que votre mari, de l'avenir d'un enfant qui se plaît dans la peau du fils de médecin mais qui ne se préoccupe pas outre mesure de son propre avenir. Vous avez sans doute entendu parler de l'enquête qui vient d'être menée sur les performances des élèves en Belgique, de la comparaison entre Wallonie et Flandre... Que peut-on dire de Mikaël en tant qu'élément de l'échantillon sur lequel a porté l'étude ? Les Flamands qui ont été encensés reconnaissent qu'en Flandre 20 % des enfants ne terminent pas les études secondaires à 18 ans ! Et en Wallonie alors ?

J'ai envie de vous dire que beaucoup de parents sont dans votre situation et que nos enfants, d'une manière générale, ont tendance à tout prendre à la légère. Vous avez le devoir de réagir et ici se pose toute la question du comment ?

Mettons-nous d'accord sur quelques points :

Le passé de l'enfant, tel que vous le décrivez, montre que la nature ne l'a pas favorisé, qu'il doit redoubler d'efforts par rapport à ses pairs... pourquoi son papa et vous n'en tirez pas la conclusion logique ? L'enfant qui doit faire plus d'efforts que d'autres peut se fatiguer et avoir envie de se distraire, de jouer… C'est normal et c'est ce qu'il faut.

Votre enfant semble s'intéresser à certaines choses (bricolage)… Il faut l'observer, c'est peut-être là qu'il y aura moyen de déceler ses aptitudes, ses intérêts, c'est peut-être là qu'il faudra l'orienter. Je suis d'accord qu'il faut une base : les études secondaires. Il faut un accompagnement mais dans lequel l'enfant voit qu'il est le premier acteur, il ne faut pas qu'il vous considère comme des tyrans.

En parlant avec Mikaël, j'ai vu qu'il est conscient de la souffrance qu'il vous cause (sans le vouloir) mais allons-nous le culpabiliser ? Allons-nous chercher des solutions qui risquent de lui faire penser qu'il serait de trop ?

Si vous acceptez que votre enfant peut réussir sa vie en faisant autre chose que ce que vous voulez qu'il fasse, la situation pourrait s'améliorer. Il nous restera à parler avec lui, à l'aider à voir son avenir et à évaluer les moyens qu'il met en œuvre pour atteindre ses objectifs. Peut-être qu'en y allant avec un peu de tact, l'enfant pourra même partager vos idées.

Faites lire cette lettre à votre mari. Qu'il veuille bien se faire un peu violence en acceptant que Mikaël ne deviendra peut-être jamais un haut cadre comme lui, qu'il pourrait devenir quelqu'un de bien si vous pouvez l'aider tous les deux. Soyez moins sévères, laisser jouer Mikaël et établissez avec lui une relation de confiance. Vous l'encouragerez ainsi à vous parler, à ne pas vous cacher ses mauvais résultats.

Je vous souhaite du courage pour que vous puissiez vous remettre de la maladie, j'espère que votre mari se rendra compte que vous avez besoin de lui. Puissiez-vous ne plus percevoir Mikaël comme un obstacle à l'harmonie de votre couple.

Conclusions :

Pendant les vacances de Noël, nous organisons au «Court Pouce» trois jours des activités des vacances avec les enfants ; si Mikaël ne voyage pas, il pourrait venir bricoler avec nous. Cela me permettra de travailler un peu sa motivation pour les études. Il faudra me téléphoner après mercredi pour connaître les dates. Les activités se dérouleront de 9 heures à 17 heures.

N'oublions pas que nos enfants sont d'abord des enfants et qu'ils ne se préoccupent pas de l'avenir autant que nous.

Dans notre société, il vaut mieux être un bon technicien qu'un intellectuel sans motivation. Mikaël a raison d'amener un tas de brols à la maison… apprenez-lui à tout ranger quand il a fini de jouer.

Pour l'influencer positivement, appuyez-vous sur ce qu'il fait de bien. Séchez vos larmes, Mikaël trouvera l'atmosphère un peu plus gaie à la maison. À son âge, les copains, ça compte.

Voilà ce que je peux vous dire aujourd'hui, il me reste à vous souhaiter un joyeux Noël, une bonne fin d'année et une heureuse nouvelle année.

Pourquoi ne prendriez-vous pas une semaine de vacances puisque votre maman est d'accord de garder Mikaël ? N'avez-vous pas besoin de vous retrouver un peu avec votre mari ?

À bientôt !

Masikini

L'école des devoirs c'était aussi cela ! Une oreille attentive, pour les enfants, pour les parents et même pour les autorités. Les initiateurs de cette école avaient vu juste : l'École de Devoirs devait continuer à vivre, avec ou sans Masikini, avec ou sans le bus.

IX

De l'argent pour le « Court Pouce »

Un voile sombre à l'horizon : l'École de Devoirs Le Court Pouce était menacée de disparaître si le conseil d'administration ne trouvait pas de l'argent pour approvisionner le compte qui permettrait de payer le salaire de son coordinateur. Le CPAS de Court-Saint-Étienne qui avait engagé Masikini pour le mettre à la disposition du Court Pouce n'était pas en droit de renouveler son contrat. Un malheur ne venant jamais seul, comme on dit, il y avait eu cette triste histoire du minibus volé dont la police ne retrouvait toujours aucune trace.

Les membres du conseil d'administration frappaient à toutes les portes pour essayer d'obtenir des subsides. Aucun d'entre eux n'avait un enfant au Court Pouce, ils auraient pu laisser tomber… mais non, ils étaient de ceux qui pensent que tous les enfants doivent avoir la même chance. Ils voulaient que les enfants moins favorisés éprouvent au Court Pouce les mêmes sensations que ceux qui ont la chance d'aller en colonie de vacances.

Le jour où un ministre était passé au «Court Pouce», les autorités communales et le conseil d'administration avaient espéré qu'il trouverait une solution pour payer le coordinateur du Court Pouce. Mal leur en prit, le ministre fut clair : «Je ne suis pas venu sauver un emploi… je ne veux pas faire pour une école ce que je ne peux faire pour l'ensemble des écoles… C'est une question de justice…» Il discuta avec eux des autres pistes envisageables et émit même l'idée de voir le Court Pouce devenir une sorte de porte-étendard des autres Écoles de Devoirs.

Les enfants eurent vent de la menace qui pesait sur l'École de Devoirs. «C'est pas juste, s'exclama Marc, on nous vole notre bus et maintenant on ne peut pas donner des sous pour payer notre animateur !»

La fête des mères approchait, les enfants avaient dans leurs cartables des textes composés pour la circonstance. «Tu veux lire la carte que j'ai préparée pour ma maman ? dit Caroline à Masikini, lis le texte, monsieur, et dis-moi ce que tu penses.»

Te remercierai-je jamais assez
De m'avoir mise au monde
Et de m'avoir donné
Tant d'arbres à effeuiller
Tant de mets à faire chanter
Tant de cœurs à comprendre
Tant de jeunes filles
À entendre
Tant de mains d'hommes à serrer

Et une âme de petit enfant
Qui ne demande à l'existence
Qu'un peu de brise pour son cerf-volant ?

Masikini eut un pincement au cœur ; pour lui, le «Court Pouce», c'était ce «peu de brise» pour les cerfs-volants des enfants de Court-Saint-Étienne. L'École de Devoirs devrait survivre, avec ou sans lui, il le fallait. Les parents ainsi que les autorités communales devraient s'impliquer. Le président du Court Pouce et son équipe se battaient dans ce sens-là.

De son côté, Masikini en eut marre d'être l'objet d'un contrat de travail aussi précaire. Il envisageait l'éventualité d'aller travailler ailleurs. «Je n'abandonnerai pas le Court Pouce, disait-il à ceux qui étaient devenus ses amis, je vous donnerai un coup de main mais comme bénévole.»

Un dimanche, il y eut une fête en l'honneur de Masikini dans le village de Faux à Court-Saint-Étienne ! Un Noir fêté dans un village en Europe ! Ça n'arrive par tous les jours ! Le conseil d'administration du Court Pouce lui remit comme cadeau le livre «Vive la vie». Il y avait des photos mais il y avait aussi des phrases, des phrases qui chantent l'amour :

«L'amour est le miracle de la civilisation.»
Je t'aimerai, mon amour,
Je t'aimerai
Jusqu'à ce que la Chine et l'Afrique se rencontrent,

Et que les rivières sautent par-dessus les montagnes
Et que les saumons se mettent à chanter en pleine rue. (Whauden)

Masikini revint à la page de garde du livre pour lire des messages écrits pour lui par les membres du conseil d'administration :
Il nous fallait un premier coordinateur
et ce fut toi !
Nous ne pouvions tomber mieux ;
Ton expérience a permis de tracer les pistes
Pour l'avenir du Court Pouce ;
Je souhaite que ton avenir personnel soit placé sous d'aussi bonnes espérances. (Bernard)

L'Europe… l'Afrique
Si loin… si près
Différences… ressemblances…
Merci d'avoir offert à notre équipe ce que tu es. (Élisabeth)

Un immense merci pour ton travail exceptionnel
Et ton amitié ;
Beaucoup de succès ! (Georges)

L'égalité des chances passe par le droit à la différence. (C. Freinet)

Merci pour votre implication dans la création du Court Pouce et surtout pour avoir mené à bien cette première expérience à Court-Saint-Étienne. (Alberte)

La vie : des moments de joie et d'autres de tristesse, des coups durs et puis des raisons de s'émerveiller. La vie : des rencontres qui nous font avancer et nous donnent l'espoir et la volonté de la rendre plus belle pour tous.
Merci d'avoir donné ses couleurs au Court Pouce, et bon vent dans de nouveaux projets. (Fabienne, David, Claude)

Ces phrases des adultes rappelèrent à Masikini cet autre texte qu'un enfant avait déclamé à l'occasion d'une fête scolaire devant les parents.

Prière d'un enfant

Seigneur, Toi qui es bon et qui protège les petits de la terre,
je voudrais te demander une grande faveur :
transforme-moi en télévision,
pour que mes parents s'occupent de moi comme ils s'occupent d'elle,
pour qu'ils montrent le même intérêt à mon égard qu'à son égard.
C'est grâce à la TV que ma maman peut voir son feuilleton préféré et que papa écoute les informations.
Je voudrais parler comme certains animateurs ;
quand ils parlent, toute la famille se tait pour les écouter, avec grande attention et sans les interrompre.
Je voudrais qu'on ait pour moi cette préoccupation qui anime mes parents lorsque la TV est en panne et que, très vite, ils appellent un technicien.

Je voudrais être une télévision pour être le meilleur ami de mon papa et de ma maman et être leur héros préféré.
Seigneur, s'il te plaît, fais que je sois une télévision, même si ce n'est que pour un seul jour.

Amistad y Cooperacion

Au journal télévisé, il fut une fois de plus question des Écoles de Devoirs en Wallonie. Le projet de faire de l'accueil extrascolaire un endroit où l'enfant trouve un accueil de qualité avançait.Celuici de qualité sous-entend des activités ludiques et pédagogiques comme au Court Pouce. Les perspectives s'éclairaient pour l'avenir de l'École de Devoirs de Court-Saint-Étienne.

— Papa ! cria Allégra, la fille de Masikini, c'est pour toi, le téléphone.

— Allô !

— C'est bien monsieur Masikini ?

— Oui, Masikini à l'appareil, à qui ai-je l'honneur ?

— Ici, c'est le cabinet du Ministre de la défense nationale…

«Qu'ai-je fait encore ?» murmura Masikini, loin de se douter de ce que pouvait bien lui vouloir un ministre.

— Le ministre a lu dans le journal qu'on a volé le minibus avec lequel vous faisiez l'École de Devoirs, c'est bien ça ?

— Oui, mon véhicule a disparu il y a quelques semaines et la police n'en a trouvé aucune trace.

— OK ! Monsieur le Ministre vous dit de ne pas vous décourager, il va donner l'ordre à l'armée de vous donner un autre véhicule.

La nuit, Masikini rêva du Court Pouce, il vit le petit Jean-Paul qui chantait : «Au clair de la lune, j'ai pété dans l'eau…»

POSTFACE

LES ÉCOLES DE DEVOIRS À LA CROISÉE DES CHEMINS

Bien plus que des lieux où se résolvent des problèmes complexes de baignoires trouées !

Cela fait plus de vingt ans que dans tous les coins de la Communauté française, particulièrement en milieu urbain (mais pas uniquement, comme l'illustre l'expérience du Court Pouce), les Écoles de Devoirs accueillent des enfants après l'école.

En vingt ans, si elles n'ont pas changé de nom, faisant toujours référence à ce travail scolaire qui doit être réalisé par les élèves à domicile, ces structures ont évolué de façon constante, s'adaptant aux besoins et aux demandes. Bien loin de remettre en cause leur existence, le décret de septembre 2001 visant à réguler les travaux à domicile consacre en quelque sorte cette évolution qui fait que depuis longtemps les Écoles de Devoirs ne sont plus des lieux «où se résolvent uniquement et en urgence des problèmes de baignoires qui tentent de se vider plus vite que ne les remplissent des robinets indomptables» mais des espaces qui prennent en compte les besoins globaux de développement de l'enfant.

Plus de 10.000 enfants sont aujourd'hui accueillis dans les Écoles de Devoirs, pas seulement pour y faire leurs «devoirs» ou trouver les moyens de «réussir à l'école» mais surtout pour trouver un espace de vie et d'activités correspondant à leur envie et leur besoin de faire autre chose, de bouger, de trouver l'oreille et le soutien d'adultes disponibles.

Des conditions d'existence pas toujours évidentes !

Ils ne sont pas toujours «faciles» ces enfants-là ! Leur accueil ne s'improvise pas et il est nécessaire de gratter pour trouver les activités ou l'approche qui fasse «tilt». Ils sont comme tous les enfants : exigeants, hyperactifs, critiques et curieux. Et certains d'entre eux ne vivent pas toujours des choses agréables, que ce soit à la maison ou à l'école, à cause de conditions de vie peu propices à la concentration, en raison de difficultés scolaires ou de maîtrise de notre bonne vieille langue française. L'École de Devoirs joue alors un rôle évident dans leur développement personnel.

Bien souvent, alors que leur utilité publique apparaît comme une évidence, les Écoles de Devoirs doivent cependant se débrouiller avec des bouts de ficelle, grâce à quelques soutiens locaux associatifs ou publics et à des subventions diverses qu'elles peuvent grappiller çà et là. Leur principale richesse tient à ceux qui s'y engagent, tant au niveau de l'action concrète de terrain (animation et accompagnement des enfants) que des structures décisionnelles (assemblées générales, conseils d'administration…) et à la qualité des relations qui peuvent, petit à petit, se nouer entre les enfants et leur animateur ou entre l'École de Devoirs et son environnement.

Un livre sur une École de Devoirs

Le livre de Pie Tshibanda et, plus encore, les anecdotes et histoires sur la vie d'une petite école de devoirs en Brabant wallon qu'il peut raconter lors de ses spectacles, illustrent à partir d'une certaine réalité la complexité et les difficultés du travail des Écoles de Devoirs mais surtout leur rôle et leur utilité aujourd'hui. Véritables outils d'intégration sociale, les Écoles de Devoirs accueillent des enfants qui, si elles n'existaient pas, seraient livrés à eux-mêmes après l'école ou pendant les vacances. Elles font un bout de chemin avec eux, à un moment-clé de leur vie, tant pour ce qui concerne l'apprentissage que pour le développement personnel.

Pie Tshibanda met sa verve narrative au service des Écoles de Devoirs pour mieux faire connaître au grand public cette action tout en faisant mieux connaître sa vie peu banale de «Fou noir perdu au pays des Blancs».

Un livre sur une École de Devoirs

L'histoire du Court Pouce est celle d'une École de Devoirs parmi les 300 qui sont répertoriées et actives en Communauté française, chacune avec ses activités, projets et méthodes propres. L'histoire du Court Pouce est celle d'une association qui aspire à la reconnaissance de son travail et à un meilleur soutien public. C'est l'histoire particulière et spécifique d'une école de devoirs parmi tant d'autres.

Dans leur ensemble, ces Écoles de Devoirs constituent une galaxie à peine moins complexe et dense que la Voie Lactée ! Elles sont nées un peu partout, là où le besoin d'aide des enfants se faisait criant et a trouvé réponse grâce à une initiative publique ou, le plus souvent, associative. Chacune suit son propre chemin, tentant de garder le cap, de se développer, de répondre aux attentes des enfants et de leurs parents.

Au fil du temps, elles se sont constituées en coordinations régionales et en une fédération communautaire qui tentent d'organiser le secteur, qui proposent des formations et dialoguent au nom de toutes avec les pouvoirs publics. Elles veulent ainsi faire connaître leur aspiration légitime à la reconnaissance de leur travail peu banal et à un meilleur soutien public de leur action.

Les Écoles de Devoirs… pleines d'espoir !

À l'heure de rédiger ces lignes, alors que ces vœux n'ont jamais été aussi proches d'être exaucés par la volonté de la Communauté française, le livre de Pie Tshibanda tombe à pic pour mieux les faire connaître et apprécier. Il est une invitation à se mettre en mouvement, à aller voir sur place pour découvrir dans le concret de la vie de tous les jours la réalité des Écoles de Devoirs… et, pourquoi pas pour s'y engager.

Ce livre est aussi un encouragement pour tout un secteur à se retrousser les manches pour relever les défis qui se posent à lui aujourd'hui où tant de choses semblent évoluer positivement en vue d'une véritable politique coordonnée et concertée d'accueil de l'enfant.

Ce livre est enfin un remerciement. Remerciement à tous ceux qui s'engagent pour et avec les Écoles de Devoirs. Remerciement aussi pour ces responsables politiques, les Ministres de l'Enfance et de la Jeunesse de la Communauté française en l'occurrence, qui ont décidé d'unir leurs efforts et de s'engager dans un processus d'aide structurelle aux Écoles de Devoirs. Tout cela doit se concrétiser dans les prochains mois. Au nom de tous ces enfants que nous rencontrons tous les jours, au nom de tous ces futurs citoyens, au nom de la vraie démocratie, qu'ils soient ici encouragés à concrétiser l'essai !

JACQUES VAN DE WEERDT

Président de la Fédération
francophone des Écoles de Devoirs
Septembre 2002

DU MÊME AUTEUR :

Romans publiés en Afrique :
De Kolwezi à Kasaji, Saint Paul, 1980.
Je ne suis pas un sorcier, Saint Paul, 1981.
Au clair de la lune, contes, La Lanterne, 1985.
Landola ou cercueil volant, nouvelles, Saint Paul, 1986.
Alerte à Kamoto, La Lanterne, 1990.
Train des malheurs, Saint Paul, 1990.
Un cauchemar, Impala, 1992.

Essais :
Femmes libres, femmes enchaînées, Saint Paul, 1979.
Psychologie, Impala, 1987.

B.D. :
Alerte à Kamoto, La Lanterne, 1990.
Les refoulés du Katanga, Impala, 1995.

DANS LA MÊME COLLECTION :

1. *Le maître des jardins noirs*, Adamek
2. *La tombe*, José Agustin
3. *L'enfant qui chante*, Frank Andriat
4. *Le rêve est une seconde vie*, Françoise Pirart
5. *Les rois sauvages*, Jean-Pierre Orban
6. *L'oiseau des morts*, Adamek
7. *La Grinche*, Françoise Pirart
8. *Disques fantômes*, Jean-Baptiste Baronian
9. *Parfois*, Jacques Mercier
10. *Le morpion*, Guy Denis
11. *Femmes de la terre*, Anne-Marie Trekker
12. *Chronique d'un retour*, Georges Ferdinandy
13. *Un fou noir au pays des Blancs*, Pie Tshibanda
14. *La fête interdite*, Adamek
15. *Un ciel de traîne*, Jean-Jacques Celly
16. *L'heure de fourche*, Michel Joiret
17. *7 malédictions*, Jean-Paul Raemdonck
18. *Le manteau blanc du Berlaymont*, François-Pierre Nizery
19. *Anne Caradec*, Dominique De Wolf
20. *Le plus grand sous-marin du monde*, Adamek
21. *Le rendez-vous de Waterloo*, Vincent Malacor
22. *Le train des enfants*, Yves Caldor
23. *Le technicien RX*, J. Manuel Rodriguez
24. *Morts-sur-Semois*, Claude Raucy
25. *L'unité de la connaissance*, Élisa Brune
26. *Ne sais-tu pas que la maison est le tombeau des vivants ?*, Françoise Étienne

Achevé d'imprimer en janvier 2003
pour le compte de Bernard Gilson Éditeur